JN438726

어느 구름에 비 들었을까

어느 구름에 비 들었을까

양선례 수필집

수필과비평사

■ 작가의 말

오래 꾸었던 꿈이었다. 30대 초반에 지역 문인협회에 가입하면서 수필을 쓰기 시작했으니 한 권의 책이 나오기까지 25년이 넘게 걸린 셈이다. 처음에는 피천득 선생의 '수필은 청춘의 글이 아니요, 서른여섯 살 중년 고개를 넘어선 사람의 글'이라는 표현을 믿었다. 완성도가 떨어지는 글은 순전히 나이를 덜 먹은 탓이라 여겼다. 경험이 쌓이면 저절로 잘 쓰게 될 거라고 생각했다.

정식으로 수필 쓰는 법을 배운 적이 없기에 완성하고서도 자신이 없었다. 정년퇴직이 2, 3년 남았을 때나 겨우 수필집 한 권 내려나 싶었는데 우연한 기회에 목포대 평생교육원의 〈일상의 글쓰기〉 수업을 들으면서 그 시기가 당겨졌다. 코로나 팬데믹으로 줌(ZOOM)으로 진행되는 수업이라서 가능한 일이었다. 글감에 맞게 매주 한 편씩 글을 쓰는 수업을 5학기째 공부하고 있다. 다행히 단 한 주도 빼 먹은 적이 없어 작품이 꽤 모였다. 새벽까지 쓸 때가 많았다. 몸은 고되지만 한 편씩, 한 편씩 완성하면 뿌듯했다. '글이 글을 부른다'는 말이 맞았다.

처음에는 최근 3년 이내에 쓴 글만으로 책을 엮으려고 했다. 그런데 육아와 교단에서 있었던 이야기 중에서 버리기 아까운 내용이 몇 있었다. 그 글을 4부에 싣고 마지막에 연도를 붙였다. 시의성은 떨어지지만 즐겁게 읽어 주면 더 바랄 게 없겠다.

고마운 사람이 많다. 남편은 글 쓰는 아내를 지지하여 문인협회 가입을 권유했다. 세 아이는 내 글의 단골 소재가 되어 주고 부지런히 살아온 엄마를 인정해 주었다. 교수님은 매주 그 많은 글을 읽고 꼼꼼하게 첨삭해 주고, 최미숙, 박선애 선생님은 부족한 글을 흔쾌히 교정해 주었다. 지역 예술인을 육성하는 전라남도문화재단의 재정 지원도 한몫했다. 무엇보다 나와 인연으로 연결되어 내가 지치거나 힘이 들면 손잡아 주는 친구와 동료들이 있기에 이 책이 세상에 나올 수 있었다. "모두모두 고맙습니다."

2022년 단풍이 아름다운 늦가을에

양선례

■ 추천사

멋쟁이 양선례 선생님

양선례 선생님을 알게 된 것은 글쓰기 강의 때문이다. 전남 교육청의 교육연구정보원에서 교사를 대상으로 하는 글쓰기 연수를 맡은 적이 있는데 양 선생님이 거기서 내 강의를 듣고 나서 목포대 평생교육원에서 학기마다 개설되는 '일상의 글쓰기'에도 등록한 것이다. 우리 교육의 핵심은 글쓰기라고 입에 달고 다니면서 누구보다도 교사가 많이 들었으면 하는 마음이 늘 있었는데 짐작과는 아주 다르게 그리 반응이 없어서 안타까워하고 있었는데 양 선생님이 적극적으로 호응해 줘서 무척 기쁘고 고마웠다. 이 글쓰기 수업의 실상은 이 책의 「꿈이 있는 사람은 늙지 않는다」에 자세히 잘 그려져 있으므로 거기 나온 생각에 동의하면 머뭇거리지 말고 양 선생님에게 꼭 연락해서 행동으로 옮겼으면 좋겠다. 우리 글쓰기 전도사가 잘 이끌어 줄 것이다. 양 선생님이 주위에 널리 알려서 글쓰기를 공부하는 선생님이 늘어나고 덩달아서 분위기도 좋아졌기 때문이다. 저 글에서 꿈꾸었던 대로 이렇게 책까지 내게 됐으니 여러모로 경사가 겹친 셈이다.

양선례 선생님은 모든 일에 적극적이다. 그리고 혼자보다는 같이 하기를 좋아한다. 그러니 사람이 주위에 많이 모인다. 물론 이런 일은 그냥 이뤄지지 않는다. 강제가 통하지 않는 요즘의 사회 분위기에서 공감하는 사람이 많다는 것은 그만큼 성의가 있다는 뜻이다. 글 곳곳에 이런 면모가 잘 나타나 있으므로 확인하기 바란다. 한마디로, 가족은 물론 학교와 사회에서 관계를 맺으면 허투루 대하지 않는다. 그를 아는 사람은 다들 동의할 텐데 글뿐만 아니라 실제로도 그렇다. 그러니 멋쟁이라고 할 수밖에 없다.

양 선생님의 글을 읽으면 한 사람이 어떻게 다른 영역에서 그렇게 많은 일을 다 잘해 내는지 놀라지 않을 수 없다. 이런 놀라움은 글솜씨 덕분에 더 커진다. 자식 셋을 거의 혼자 키우다시피 하면서 아이가 아픈데 엄마가 어떻게 할 수 없어서 동동거리는 장면에서는 독자도 가슴이 마구 뛸 정도가 돼서 술 먹느라고 바쁘거나 무관심해서 육아에 아무 도움이 안 되는 남편 분을 미워하게까지 된다. 나도 이 남편과 그리 다르지가 않아서 남자는 쓸모가 없다고 한탄했다.

이렇게 고생하면서도 학교에서도 아이를 가르치는 일에 정성을 다한다. 교사가 다 이 책을 꼭 읽어서 어떻게 해야 좋은 선생이 되는지를 생각해 보는 재료로 삼았으면 좋겠다. 이 책을 읽으면서, 초등학교 교사로 정년퇴직한 아버지가 계시면서도 교사의 세계를 제대로 알지 못했다는 것을 실감했다. 우리는 일면적인 경험에 바탕을 두고 잘 아는 듯이 굴면서 편견을 쌓기가 쉽다. 모르면 다 안다는 것이 우리 인식 활동의 실체인지 모른다. 그런데 양 선생의 구체적인 그림은 우리가 모르는 세계로 안내하는 역할을 충실하게 해내고 있다. 특히 이런 글에서는 천사 같은 모습만 부각하기 쉬운데 교육 현장에서 느끼는 복잡한 감정을 가감 없이 드러내고 있어서 마음에 든다. 양 선생님의 호오가 분명한 솔직한 태도가 영향을 미쳐서 그런 독후감을 만들어 낸 것이 아닐까 한다. 아무튼, 양 선생님은 학생을 가르칠 뿐만 아니라 학교와 선생의 세계를 잘 알려 주는, 말 그대로 선생인 셈이다. 사실 우리는 서로에게 선생 아닌가!

이제 꿈을 이뤘으니 확실하게, 늙지는 않았을 테고 또 둘째 권에도 도전해서 더 젊어졌으면 좋겠다. 이런 기도는 양 선생님 개인에게 드리는 것이지만 평소에 주위에 미치는 영향이 워낙 커서 품어 보는 것이기도 하다. 젊은 피를 수혈하면 노인이 젊어진다는 효과가 있다는 기사를 읽은 적이 있다. 과학적으로 맞는 얘기인지는 모르지만 젊은 기운이 있으면 주위가 밝아지는 것은 사실이다. "양선례 선생님, 오래오래 그런 분이 되어 주세요."

제목을 놓고 많이 망설였다. 둔한 탓에 어떻게 말해도 양선례 선생님의 훌륭한 모습을 담을 수가 없을 것 같기 때문이다. 여기에 내 고민 목록을 올리면서 글을 마치려고 한다. '매력덩어리 양선례 선생님', '알면 알수록 멋진 양선례 선생님', '억척꾸러기 양선례 선생님', '성의의 사람 양선례 선생님' 이 책을 읽는 분마다 이 목록을 채워 가면 재미있겠다.

전)목포대학교 국어국문학과 교수 이훈

■ 차례

2부 손 큰 여자

3부 서안 가는 길

4부 이쁜 내 새끼 밤하늘

1부

맛있는 공부

우연이 만드는 인생 / 문해 공부로 시작하는 하루 / 맛있는 공부

아이는 어른의 스승 / 아픈 손가락/ 어느 구름에 비 들었을까

스승의 날 / 보약 한 재 / 길 잃은 양 / 쌓기는 어렵지만 허무는 일은 한 순간

나 하나만이라도 / 꿈이 있는 사람은 늙지 않는다

우연이 만드는 인생

인생은 우연이 만든다. 부모가 누구냐에 따라 삶이 달라진다. 친구나 선생님도 영향을 끼친다. 출생과는 달리 사회 관계는 내 의지나 선택이 작용할 여지가 있기는 하지만 지나고 보면 우연이 나를 크게 바꾸었다는 것을 깨닫게 된다.

우연히 공모 교장 공문을 보았다. 해마다 오는 공문이지만 별 관심이 없었는데, 이번에는 달랐다. 그도 그럴 것이 고향의 아주 익숙한 학교 이름이 보여서다. 그 학교에 근무하는 동창 교감에게 전화했다. 공모 절차는 거치지만 특정한 사람을 염두에 두고 하는 일이라서 도전해 봤자 힘들 거라고 말한다. 전남에서 공모 교장이 되는 길은 두 가지다. 교장 자격증이 있는 사람을 대상으로 뽑는 초빙형과 자격증이 없이도 도전할 수 있는 내부형이 그것이다. 진보 교육감 체제에서 내부형 공모 교장은 특정 단체 출신의 교사가 가는 자리로 인식되고 있다. 내가 점찍은 학교 역시 교사가 오랫동안 그 학교 언저리에 근무하면서 터를 닦아 놓았다고 했다. 승산 없는 싸움을 걸어서 망신당하지 말라는 조언도 하면서.

별생각 없이 실태나 알아볼까 해서 전화한 건데 끊고 나니 오기가 생겼다. 얼마나 잘났기에 순번을 정해 놓고 형식만 거치는 건가 싶어 씁쓸했다. 교단에 들어선 이후 어느 한 해도 소홀히 하지 않았다. 아파도 학교에 가야 마음이 편했다. 그리고 25년 동안 담임 교사를 맡았다. 그런데도 뭐가 부족해서 미리 방패로 막나 싶었다. 게다가 25년의 교사 경력 중 17년을 고향에서 근무했기에 어느 정도는 승산이 있겠다 싶었는데 말이다.

그래서 도전했다. '꿩 대신 닭'이라고 처음에 마음이 갔던 고향의 학교를 포기하고 현 근무지 바로 인근의 학교에 응모했다. 그 지역에 근무한 적도 없고, 해당 학교에 아는 사람이라고는 안면이 있는 교장 선생님이 전부였다. 오죽했으면 1차 면접을 보고 나서 분위기가 어땠는지 물어볼 사람조차 없었으랴. 무식하면 용감하다고 지역이나 학교의 사정도 전혀 모른 채 덤빈 꼴이었다. 대다수의 공모 교장들이 일 년 전부터 치밀하게 준비하는 것에 비하면 참으로 무모했다. 20쪽의 학교 경영 계획서와 12쪽의 자기소개서, 5쪽의 주요 경력과 실적을 쓰고, 각각의 증빙 서류를 준비해야 했다. 마음먹고 나서도 일주일을 고민했다. 괜히 창피만 사는 건 아닌가. 소시민으로 만족하며 평범하게 살고 싶다는 평소 생활 신조에도 분명히 역행하는 일이었다.

서류를 내놓고도 갈등은 계속됐다. 공모 학교에서 이루어지는 1차 면접 일주일 전까지도 고민했다. 면접을 보러 갈까, 말까. 하루에도 열두 번씩 두 마음이 싸웠다. 조금 늦더라도 마음 편히 살자. 밑져야 본전이니 하는 데까지 해 보자. 그때쯤 주변에 소문이 났고, 응원하는 사람과 말리는 사람이 반반이었다. 엿새를 남겨 놓고 학교 밖 전학공 모임에서 1박 2일 전북 부안으로 가는 워크숍이 있었다. 망설인 끝에 따라갔다. 공모 교장을 포기하고 나니 세상이 달리 보였다. 어제까지 마음을 짓누르던 부채가 사라진 듯, 서해의 저녁노을은 아름다웠고, 사람들과 어우러져 먹는 꽃게탕은 끝내주게 맛있었다.

가벼운 마음으로 여행에서 돌아왔다. 공모 1차 시험일까지는 딱 나흘이 남았다. 12월 29일부터 1월 1일까지. 보신각 종소리도 듣고, 서울에서 내려온 아이들과 주말주택에서 1박하며 율포 해수욕장에서 주는 해맞이 떡국 먹을 일만 남았다. 그동안 응원해 준 고마운 사람들에게 인사라도 하고 그만두는 게 도리라고 생각해 전화를 돌렸다. 본인이 공모 교장 할 때의 서류를 넘겨주면서 면접의 방법과 준비 사항까지 친절하게 알려 주던 ㄱ교장, 공모 학교 옆 학교라서 수시로 정보를 물어다 주던 ㄴ선배, 고향 학교 대신 이 학교로 도전해 보라고 안내해 준 ㄷ친구, 모두 한결같이 말렸다. 떨어질 것을 우려하는 내게 "만일 그러면 특정 단체에 떨어진 거지 교사한테 떨어진 것은 아니지 않느냐"고 용기를 줬다. 그동안 준비한 것이 아깝지 않느냐고도 했다. 결정적인 한 방은 처음부터 나를 도전하는 학교로 밀었던 ㄷ친구였다. "그래, 알았다." 라는 짧은 한마디였으나 그 말 속에 감춰진 분노와 실망이 전화기를 타고 고스란히 전해졌다. 또 맘이 약해졌다. 결국 재야의 종소리도 해맞이 떡국도 포기하고 얼마 남지 않은 기간 동안 시험을 준비했다.

1월 2일 오후 두 시에 시험이 시작되었다. 준비실에서 봉투에 담긴 번호표를 뽑았다. 번호는 3번. 나와 경쟁하는 두 명의 후보는 그날 처음으로 보았다. 인솔하는 선생님을 따라 시험장에 들어서니 너른 강당 중앙에 내가 앉을 책상과 의자가 놓여 있었다. 학교에서 선정한 심사위원 열 명이 단상 아래 줄 맞춰 앉아 있고, 좌측에는 사전 신청을 한 참관인 세 명, 오른쪽에는 진행과 방송을 맡은 학교 관계자 세 명이 있었다. 입구에는 전 일정을 감독하는 교감 선생님이 있었다. 그 열일곱 명 중에서 눈에 익은 사람이 한 명도 없었다. 적지에 홀로 진군하는 소년병처럼 나 홀로 이 모든 일정을 감내해야 했다.

전면의 스크린에는 30분으로 맞춰진 커다란 시계가 보였다. 문제지가 담긴 책상 위의 서류철을 여는 순간부터 시간은 흘러갔다. 문제는 열 문제. 예상한 질문도, 그렇지 않은 것도 있었다. 30분 안에 그 모든 문제를 대답해야 했다. 아홉 문제를 잘 대답해도 한 문제를 말하지 못하거나, 너무 일찍 끝내버리면 감점이다. 지금껏 한 번도 본 적이 없는 형식의 시험이었다. 취업 준비생들이 이런 마음으로 면접을 보겠구나 생각하니 청춘들이 짠했다.

이럴 때마다 나는 시골의 작은 여고를 나온 것을 고마워한다. 임원을 하면서 남 앞에 서 본 여러 경험이 학교를 벗어난 지 꽤 오래되었는데도 힘이 되어 준다. 긴장했던 마음이 서서히 안정되어 간다. 부장 교사 십 년, 교감을 육 년이나 해서 들은 풍월은 많았다. 게다가 혁신학교 교감을 사 년 했다. 딱 20초 남기고 끝냈다. 나는 30분간 말했고, 심사위원 열 명은 들었다. 오전의 경영 계획서와 자기 소개서, 증빙 서류 점수와 합산해 순위를 매긴다. 일주일 후에 도전자 셋을 교육지원청 회의실에서 다시 만났다. 이번에는 내가 1번이다. 또 30분간을 쉬지 않고 말했다. 두 번째라 그리 긴장되지는 않았다. 학교와는 달리 익숙한 얼굴도 보였다.

그렇게 나는 교감 6년 만에 내부형 공모 교장에 당선돼 교장이 되었다. 응모하지 않았더라면 아마도 2년쯤 후에 이 자리에 섰을 것이다. 코로나 19로 변칙적으로 운영한 올해는 계획한 대로 뜻을 펼치지는 못했다. 함께 만들어 가는 공동 수업안 작성과 내실 있는 전문적 학습 공동체 운영, 읽기 능력을 신장하는 연수 등 교사의 성장에 방점을 둔 한 해였다. 내년에는 독서 교육에 충실할 생각이다. 우리 아이들이 책을 가까이 하고 읽는 평생 독자로 나아갈 수 있는 기틀을 마련하고 그 문화가 정착될 수 있도록 지원을 아끼지 않을 것이다.

오래전에 만난 선배 한 분이 그랬다. 교장은 '교장'의 역할을 하고, 청소

선생님은 '청소' 역할을 할 뿐이다. 역할이 다를 뿐이지 위치까지 다른 건 아니라고. 나 역시 그런 마음으로 살 것이다. 나와 근무하는 동안 아이들이 행복하고, 선생님들이 배운 내용으로 성장의 밑거름을 삼았으면 좋겠다. 아무런 연고도 없는 낯선 이곳으로 나를 이끈 알 수 없는 힘, 그 우연으로 인생은 완성되는 것이 아닐까? 창밖의 겨울 햇살이 환하다.

문해 공부로 시작하는 하루

문을 열고 사무실에 들어서면 책상 위에 쌓인 책이 맨 먼저 눈에 띈다. 외부 도서관에서 빌려온 책, 학교 도서관에서 가져온 책, 인터넷 서점에서 산 책이 차곡차곡 쌓여 있다. 그 날의 기분과 상황에 따라 손이 가는 대로 펼치므로, 읽다 만 책에는 여러 곳에 노랗거나 분홍인 포스트잇이 붙었다.

벽을 채운 서가에도 책이 가득하다. '한글 문해 교육'에 필요한 그림책과 진단 도구, 읽기 이해력을 높이는 저학년과 고학년용 재미있는 동화책, 시간 가는 줄 모르고 읽어 밤 새는 일도 잦게 만드는 소설, 교육 서적, 아파트 재활용함에서 주워온 'Why? 시리즈' 어린이 만화책까지 그 종류도 다양하다.

짧은 기획 회의와 공문 결재를 마친 오전 10시 반이면 노크와 함께 민하가 들어온다. 마르고 키가 작은 1학년 아이. 2학기인데도 아직 한글을 떼지 못해 하루에 한 시간씩 나랑 공부하는 아이이다. 어제 배운 손바닥 그림책(체계적인 한글 지도를 위하여 만들어진 그림책)을 읽는 것으로 1대 1 맞춤형 한글 공부를 시작한다. 공부한 내용을 틀린 글자 없이 술술 잘 읽는다. 오늘 배울 그림책 「놀이터에서 놀아요」를 꺼내 그림 보고 이야기를 나눈다. 잘 모르는 글자가 나오면 늘 그랬듯이 얼버무린다. 자석 글자를 꺼내어 하나의 글자 안에 작은 소리들이 여러 개 들어있다고 설명하며 음절본체와 말미자음으로 나누어 발음해 주면 읽어 낸다. 반복되는 문장이 많아서 나머지는 쉽게 끝낸다.

아이와 이야기 나눈다. "놀이터에 놀러 간 적이 있니?" 예상과는 다르게 거의 없다고 한다. 글에 나오는 그네와 시소, 미끄럼틀 탄 적이 있냐고 묻자 역시 없다고 한다. 믿어지지 않아 다시 물으니 그때서야 시소는 3번쯤 혼자서 탔는데, 미끄럼틀에서는 논 적이 없다고 한다. "유치원에 여러 해 다녔는데?" 그랬다니 긴가민가하면서도 믿지 않을 도리가 없다.

어쩔 수 없이 계획 수정. 아이랑 운동장 한쪽에 있는 놀이터로 간다. "미끄럼틀을 세 번 타 보렴." 혼자 올라갔다 내려오는 폼새가 영 재미없는 표정이다. "저 놀이기구 뭔지 알아?" 정글짐을 가리키며 물으니 모른단다. 이름을 가르쳐 주고 잡기 놀이를 시작한다. 아이는 눈빛을 반짝반짝 빛내고 큰 소리를 내며 나를 잡으러 이쪽 끝에서 저쪽 끝까지 부지런히 옮겨 다닌다.

열 번 이상 나와 만나는 동안 한 번도 보여 주지 않았던 모습이다. 마음이 급해선지 모래장을 가로질러 내가 있는 쪽으로 자리를 옮기기도 한다. "정글짐에서 내려 모래 바닥에 발이 닿으면 지는 거야." 그새 부슬비가 내린다.

사무실로 돌아와서 놀이터의 경험을 바탕으로 아이와 이야기를 나눈다. '정글짐에서 교장 선생님과 잡기 놀이를 했어요' 를 오늘 쓸 한 문장으로 정한다. 읽기와 쓰기는 전혀 다른 영역이라 함께 해야 그 효과가 높다. 아이는 낱낱의 자석 글자를 모아 오늘 정한 문장을 만든다. 그동안 나는 A4 용지를 잘라 띠지를 이어 붙이고, 적당한 간격으로 칸을 만들어 준다. 아직 띄어쓰기 개념이 생기지 않는 아이를 위해 어절 단위의 띄어쓰기 칸도 만든다. 자석 글자로 문장 만들기가 끝나면 아이는 마음에 드는 색깔의 유성매직을 골라서 띠지에 다시 한 번 옮겨 적는다. 이번에는 음절 단위로 자른 띠지를 혼자서 자른 후 다시 한 문장이 되게 스케치북에 찾아서 붙인다. 하나의 문장을 여러 활동을 하면서 지루하지 않게 반복 학습하는 효과가 있는 이 방법은 문해력 공부를 하면서 배운 것이다.

간혹은 오늘처럼 이해할 수 없는 아이의 대답으로 속이 터지기도 하고, 의욕이 전혀 없는 아이를 억지로 끌고 가는 건 아닌가 자괴감이 들기도 하지만 개별 지도를 멈출 수는 없다. 글자를 익히지 못하거나, 또래보다 많이 늦은 아이들은 학년이 올라갈수록 학력의 격차가 커진다. 학교의 우등생이 사회의 우등생이 되지는 않는다는 걸 간간이 나가는 초등 동창회에서 여러 번 확인했지만 그래도 기본을 가르치는 학습은 공교육의 커다란 책무성이라는 걸 믿는다.

나는 아이들의 1년을 책임지는 담임 교사를 25년간 쉬지 않고 했다. 아이들과 한 교실에서 거의 하루 종일 함께 있는 초등학교에서는 담임의 역할이 막중하다. 누구를 만나느냐에 따라 아이의 말투, 글씨체, 생활 태도도 달라진다. 수업을 따라 가지 못하는 부진 그룹의 아이들은 남겨서라도 보충 학습을 시켰다. 도시의 대규모 학급이든 한 반에 열 명이 채 되지 않는 농촌의 작은 학급에서든 그런 아이들은 늘 있다. 아이가 남는 것을 달가워하지 않는 학부모님을 만나면 현재 필요한 교육이 무엇인지 설명하고 설득하는 일도 주저하지 않았다.

모교에 근무할 때였다. 3학년이면서 한글을 전혀 모르는 아이를 만났다. 그냥 두고 볼 수 없어서 때로는 호랑이로, 때로는 엄마가 되어 나머지 공부를 시켰다. 아이는 3개월 만에 한글을 떼는 놀라운 결과를 보여 주었다. 교직 15년이 지났지만 문해 교육의 특별한 지도 방법을 알지 못했던 나는 맞춤법에 따라 몇 개의 문장을 쓰게 하고 받아쓰기 시험을 보았다. 그리고 틀린 것은 여러 번 다시 쓰는 아주 원시적인 방법을 적용하였다. 아이는 글을 읽고 쓰는 '해독'은 3개월 만에 해냈지만 그뿐이었다. 3학년 국어 교과서는 더듬거리며 읽었으나 글의 맥락은 파악하지 못했다. 불러 주는 문장을 일기에 쓸 수는 있었으나, 자신이 오늘 한 일과 그 일을 하면서 느끼는 감정을 정리하여 기록하지는 못했다. 분명 까막눈을 벗어났는데 왜 그러는 것인지, 이후 어떻게 지도해야 '독해력'이 길러지는지 당시에는 알지 못했다. 그러면서도 이 아이가 살아갈 세상에 등불 하나 들려 준 것으로 스스로 만족했다.

교직 26년째가 되던 해 보성의 작은 학교에 근무하면서 선생님들과 문해력 공부를 하면서 비로소 오래 전 ○○이가 보였던 행동을 이해하게 되었다. 까막눈을 벗겨 준 것으로 스스로 만족했던 게 얼마나 어리석었는지도 말이다. 글자를 모르는 아이에게 새로운 세상을 열어 주고, 그 아이가 살아갈 인생에 깊숙이 관여하는 문해력 공부를 지금도 한다. 함께 공부하는 동료가 있기에 그 일은 자못 재밌기도 하다.

세 아이 키우느라고 승진은 내게 멀고 먼 이야기였다. 회사원인 남편은 늘 나보다 일찍 나가서 늦게 들어왔다. 집은 평안한 휴식처가 되어야 한다고 생각하고 그것을 위하여 다른 이가 얼마나 종종거리는지에는 눈길을 주지 않았다. 생활보다는 생존에 급급한 나날. 그 터널을 어떻게 지나왔는지 청춘을 다시 준다 해도 돌아가고 싶지 않은 세월이다.

우연하게 지역 만기가 되어 가게 된 섬 근무가 내 인생의 전환점이 되었다. 햇살 아래서, 포장되지 않은 맨땅에서 쑥쑥 자라는 아이들이 좋았다. 유배지라고 해도 좋을 열악한 환경이었지만 혼자서 아이 셋과 3년을 살고 나왔다. 이후의 교직 생활도 좋은 선배가 끌어 주고, 적절한 때 조언도 해 주어서 크게 힘들이지 않고 승진할 수 있었다. 돌아보면 나는 '인복이 많은 사람'이다. 부부 교사가 아니면 가장 따기 힘들다는 벽지 점수를 얻었으므로 나머지는 그리 어렵지 않게 채울 수 있었다.

그러나 교사와 교감은 많이 달랐다. 교사는 교육자이지만 교감은 행정가에 가깝다. 내게 속한 아이들이 없는 학교는 외로웠다. 그러던 차 배우게 된 문해력 공부로 나는 아이들과 다시 만나고 있다. 아이들의 배움과 성장을 위해 지원하고 가르치는 일이 진정한 교육자의 역할이라고 생각한다. "저도 교장실에서 같이 공부하면 안 돼요?" 오후에 읽기 이해력을 공부하러 오는 4학년 아이들 셋을 따라온 같은 반 찬민이가 말한다. "진짜?" 배우려는 학생이 늘어나는 기쁨으로 초보 교장의 하루는 바쁘기만 하다.

맛있는 공부

이번 주도 바빴다. 큰 행사인 학예회가 코앞이고, 내년도 교육 계획을 준비하는 연말이기도 했지만 기초 학력 강의 출장도 두 건이나 있었다.

출근해 한글을 받침과 이중모음을 정확하게 읽고 쓰지 못하는 4학년 아이를 개별 지도하는 일로 하루를 시작한다. '수업 중입니다. 아주 급한 일이 아니라면 조금 후에 만나요.' 쪽지를 출입문에 붙여둔 채. 교직원 간 아침 인사를 나누는 것보다 짧은 시간이지만 아이의 공부를 봐주는 게 훨씬 가치가 크다는 생각에서다. 유창하게 교과서를 읽는 소망(가명)이가 정작 '기차'나 '바위' 같은 받침이 없는 글자조차 제대로 쓰지 못한다는 걸 우연하게 알게 된 건 지난 6월이다.

아이는 온순하고 콩을 팥이라고 해도 믿을 정도로 선생님을 절대적으로 따랐다. 예의 바르고 교우 관계도 좋아 별다른 문제가 없어 보였다. 3학년과 4학년 첫 주에 보는 시험인 읽기, 쓰기, 셈하기, 즉 3RS(Reading, Writing, Arithmetic)에서 수학을 빼고는 통과했다. 전년도 배운 내용에서 나오는 '교과 학력 평가'에서도 수학만 낙제점이었다. 당연하게 작년부터 못하는 과목의 보충 지도만 이루어졌다. 그런데 정작 이 아이의 문제가 문해력에 있다는 걸 올해야 알게 된 거다.

6월 초순부터 소망이는 나와 일대일로 만났다. 글자를 전혀 모르는 1학년에게 한글을 가르치는 것처럼 모음, 자음, 받침 없는 글자, 이중 모음, 끝소리 규칙 순으로 지도했다. 아주 기본적인 자모음의 음가도 모르면서 그림책은 꽤 실감나게 읽어서 신기했다. 한자를 읽을 수는 있으나 쓰는 건 어려워하는 어른처럼 소망이도 그랬다. 친구와 모둠 활동으로 쪽지에 자신의 의견을 적을 때면 무슨 내용을 썼는지 알아볼 수 없었다. 담임 선생님은 소망이의 글을 '외계어'라고 말했다.

처음에는 진도가 팍팍 나갔다. 문제는, 돌아서면 잊어버리는 데 있었다. 초성과 종성의 음가를 가르치고 응용해 보면 제자리였다. 몇 번을 다시 가르쳐도 마찬가지였다. 답답했다. 문해력은 한글 해득뿐만 아니라 어휘, 유창성, 글을 이해하고 활용하는 능력까지를 포함하는 개념이다. 그중 가장 기본이 되는 한글 해득조차 못 하는 아이가 1학년도 아니고 4학년에 있다니 보통 문제가 아니었다. 그 아이가 살아갈 세상이 얼마나 힘이 들지 눈에 보였다. 문해력 공부를 한 2016년부터 1~2학년 중에서 아이를 선택하여 지도했다. 초기 문해력이 이후 학습의 준비 단계로 가장 중요하기 때문이다. 4학년을 지도한 건 올해가 처음이다.

답답해서 속이 터지다가, 혼자 좌절하다가 그런데도 너무나 착하고 성실한 이 아이를 모른 척할 수가 없었다. 어디서부터 잘못된 걸까. 무엇이 이 아이의 머릿속에서 문자 해독하는 길을 막고 있는 걸까. 그러던 중 〈찬찬한글〉 개발자인 김중훈 선생님의 강의를 듣고 힌트를 얻었다. 소리를 합성하고 분리하는 과정을 곁들여 수업을 진행했다. '음소 수준 음운 인식 훈련'은 말소리를 듣고 변별하는 능력이다. 가령 '바지'를 듣고 '바', '지'라는 음절뿐 아니라 '브+아' '즈+이'라는 작은 말소리로 나눌 수도, 반대로 합칠 수도 있는 것을 말한다. 글자를 알기 전에 하는 이런 활동이 이 아이에게 도움이 될지 의문이 들었으나 배운 대로 한 번 시도해 봤다. 결과는 대성공이었다. 말소리를 음소 수준으로 나누는 활동은 받아쓰기에도 효과가 좋았다. 받침이 있는 어려운 글자에서 더 빛이 났다.

담임 선생님은 짧은 시간에 눈에 띄게 성장했다며, 소망이가 운이 좋았다고 말한다. 타당한 면도 있으나 아이를 가르치며 내가 배우는 것이 훨씬 많다. 교육행정가인 관리자에게, 교사인 것을 깨우쳐 주는 아이가 있다는 건 얼마나 다행인가. 짧은 시간에 글자의 원리를 이해하고 어려운 받침도 척척 써내는 아이를 보면 기쁘기 짝이 없다. 시간이 왜 이리 빨리 흐르는지 벌써 1교시 수업 시간이 되었다. 아쉽다.

일대일 맞춤형 개별화 수업은 2016년에, 당시 함께 근무하던 선생님들과 공부한 이후 꾸준히 해 오는 활동이다. 그때 나는 교감 3년 차였다. 면 단위 작은 학교였는데 학교 안에 유난히 느린 학습자가 많았다. 두고 볼 수 없어서 교장 선생님과 머리를 맞대고 어떻게 할 것인지 의논했다. 뾰족한 수가 없었다. 기초 학력 전문가를 불러 컨설팅이라도 받고 싶었으나 입맛에 딱 맞거나, 그 분야에 공부를 많이 한 분이 도내에는 없었다. 타시도 강사를 어렵게 모셔서 주말도 방학에도 모여서 공부한 지가 5년이 넘었다. 우리 학교 문제를 해결하려고 공부한 것이 마침 도교육청의 기초 학력 정책과 맞물려 날개를 달았다. 강의를 나갈수록 스스로가 부족한 게 느껴졌다. 미국에서는 읽기 전쟁이라고까지 일컬어지는 '의미 중심'과 '발음 중심 지도법'을 차례로 공부했다. 교직에 들어선 지 30년이 다 되었는데도 하면 할수록 모르는 게 많았다. 자발적으로 모여 모의 강의와 피드백으로 강의의 질을 높였다.

모임은 지금도 이어지고 있다. '한국어 교사 자격증'에 이어 '난독증 전문가 과정'을 공부 중이다. 한 달에 한 번꼴로 집합과 비대면으로 이루어지는데 1년짜리 실행 연수가 필수다. 회원 중 한 분은 진즉 이렇게 했더라면 서울대학교도 갔을 거라고 말한다. 새벽까지 이어지는 공부에 제발 그만하라는 남편의 지청구도 듣는단다. 공부에도 때가 있다는데 퇴직 앞두고 이게 뭐 하는 짓인지 모르겠다는 즐거운 비명도 들린다. 뒤늦은 공부 맛에 푹 빠진 사람이 비단 나만이 아닌 게 위안이 된다.

평범하게 살기가 인생 목표였다. 큰 욕심 내지 않고 하루하루에 감사하며 소시민으로 살고 싶었다. 이리저리 나가는 강의로 알아봐 주는 사람이 늘었다. 한 번 들으면 잘 안 잊히는 촌스러운 이름도 한몫했다. 다 내 옷이 아니라는 걸 잘 아는 게 그나마 다행이랄까. 잠시 빌려 입은 옷을 내 것인 양 착각하지 말자고 마음을 다잡는다. 가르치는 기쁨을 알게 해 주는 소망이, 함께 공부하고 성장하며 끈끈한 인연으로 이어진 '문해력 향상 연구회' 회원들이 있어 교직 후반전이 사뭇 즐겁다.

아이는 어른의 스승

올해 우리 학교 첫 번째 전문적학습공동체(함께 연구하고 실천하는 교원 모임, 이하 '전학공') 도서로 『못 참는 아이 욱하는 부모』(오은영/ ㈜대성코리아닷컴)를 선정했다. '분노조절장애의 시대를 사는 대한민국 부모에게 주는 육아 멘토 오은영 박사의 감정 조절 육아법'이라는 부제를 달고 있는 이 책은 표지에 빨간 원피스를 입은 박사의 모습이 들어 있어 이채롭다. 이비에스(EBS)〈라이브 토크 부모〉와 에스비에스(SBS) 〈우리 아이가 달라졌어요〉 프로그램에 출연 중으로 꽤 인지도가 있는 인물이라서 그런가 보다.

〈동고동락 온 작품 읽기〉 라는 이름의 우리 팀 구성원은 모두 여섯 명. 이제 막 교직에 입문한 신규 교사부터 30년이 넘은 다경력자까지 있다. 첫 모임에서 운영자가 올해 전학공에서 다뤘으면 하는 도서를 추천하라고 했다. 각자가 가지고 온 책을 소개하고 다수결로 최종 결정을 했는데, 일곱 살 자녀를 키우는 젊은 선생님이 추천한 이 책이 뽑혔다. 아이를 키운 지 오래되어서 세세한 기억은 가물가물하고, 가까운 시간에 손자나 손녀를 볼 계획도 없어서 속으로는 좀 뜨악했으나 모두가 한 표를 행사하는 회원의 한 사람으로서 따를 수밖에 없었다.

첫 장이 끝나는 58쪽까지 읽어 오는 것이 과제였다. 각자 읽고 두서너 군데 밑줄을 쳐 와서 그렇게 한 이유와 그때의 느낌을 돌아가면서 이야기하는 식으로 진행하는데, 함께 읽고 싶을 만큼 괜찮은 부분은 소리 내어 읽기도 하고, 발제자가 만든 질문에 답하기도 한다. 책의 성격에 따라 다음 시간의 진행 방식을 그때그때 정하는데 이번에는 읽어 오는 것과 더불어 발제자가 낸 질문을 생각해 오는 게 과제였다.

학창 시절부터 독서 편식이 심해서 소설류만 주야장천 읽어 댔던 나는 자기계발서나 실용서를 거의 읽지 않은 채 어른이 되었다. 어쩌다 기회가 있어도 다 읽고 나서 하나도 기억나지 않을 때가 많아서 시간이 아깝다는 생각을 했다. 부끄럽게도 2016년 초판이 발행된 이후 올해 2월 1일에 무려 116쇄를 찍은 이 책 역시 알지 못했다. 언젠가 내가 사는 지역에 명사 초청 강사로 온다는 것만 육교 위에 붙은 현수막으로 본 기억이 있어 이름만 들었을 뿐이었다.

그런데 앞부분 몇 장을 넘기기도 전에 책 속에 빠져들었다. 육아 지침서니까 '뻔할 뻔 자 이야기만 하겠지' 하는 예상은 처음부터 깨졌다. 다양한 사례로 설명하는 작가의 글을 읽다 보니 나 역시 순간적으로 치밀어 오르는 화를 슬기롭게 조절하지 못한 채 함부로 키웠다는 생각이 들었다. 작가는 육아에서 가장 중요한 두 가지로 '기다리기' 그리고 '아이를 나와 다른 인격체로 존중하기'를 꼽는다. 잘 기다려 주려면 아이가 나와 다르다는 것을 인정해야 한다. 아이를 나와 동일하게 생각하면 아이가 서툴고 못할 때마다 중간에 간섭하거나 채근하게 된다. 또 아이를 내 소유로 생각하여 내 마음이나 계획과 어긋나면 마음이 불편해지기 때문에 기다리지 못한다. 결국 아이가 아닌 어른인 나를 기준에 두고, 거기에 미치지 못하면 다그치고, 욱하게 된다고 진단하고 있다.

장의 마지막에는 '나는 욱한다. 고로 존재한다.'라는 우스갯소리와 함께 체크리스트로 자신의 '욱' 정도를 알아 보는 곳이 있었다. '운전하다가 자주 짜증을 내는 편이다.', '식당에서 음식이 늦게 나오면 짜증이 난다.', '아이가 나를 부르는 소리가 가끔 귀찮다.', '부모가 내게 조금만 더 신경 썼더라면, 지금 나는 훨씬 더 잘됐을 것이다.', '나는 돈에 관해서 많이 철두철미한 편이다.', '나는 남이 잘됐다는 소리를 들으면, 솔직히 배가 아프다.' 등의 40개의 문항이 있다. 팀원들끼리 돌아가면서 자신의 '욱' 지수를 말하는데 이미 아이를 다 키워 버렸거나, 아직은 그 고난의 길에 접어들지 않은 신혼이거나 미혼인 선생님만 감정 조절을 잘하는 편이라는 10개 이하가 나왔다. 반면 지금 초등학생 이하의 자녀를 키우고 있는 과반의 젊은 선생님들은

11~20개가 나왔는데, 이는 '가끔 치밀어 오르는 욱 때문에 혼자 가슴앓이 하는 때가 많다'는 구간이었다.

지금처럼 돌봄 교실과 방과후 학교가 정착되어 사회가 일부분 육아를 책임져 주던 시절이 아니어서 세 명의 아이를 키워 내느라 참 많이도 힘들었다. 그런데 막상 자녀를 키우면서 언제 욱하게 되었는지 이야기해 보자는 발제자의 질문에 쉽게 답이 떠오르지 않았다. '힘들었어, 청춘을 다시 준다 해도 두 번 다시 되돌아가고 싶지 않아.' 기억은 덩어리로만 남았다. 구체적으로 상황을 설명하려고 보니 딱히 짚이는 게 없었다. 가해자(?)인 나는 잊었을지라도 피해자(?)였던 아이들은 잘 기억하고 있으리라 여겨져 큰딸에게 전화를 걸었다. 아니나 다를까 대답이 줄줄이 나왔다.

교직 생활 동안 가장 후회되는 일 한 가지는 섬에 근무할 때 큰딸의 4학년 담임을 한 일이다. 읍 지역권 학교 10년 근무를 마치고 서른 중반에 세 아이와 섬 학교를 자청했다. 통근 시간이 긴 육지 끝을 고를 수도 있었지만 생활 근거지인 도시권으로 일찍 들어오려면 섬 점수가 필요했다. 들어가던 해 초등학교 3학년이었던 큰딸은 그 해에 무려 담임이 네 번이나 바뀌었다. 아이가 참 좋아하던 1학기 담임이 광주시 전입 시험에 합격해 떠나고 2학기에는 한 달 간격으로 새 담임이 왔다. 그 중 한 분은 오래 전 교직을 떠나서 학원을 운영했는데 아이엠에프(IMF) 사태로 어려워지자, 처녀 시절부터 꿈꾸던 '섬마을 선생님'이 되고 싶어 왔다고 했다. 서울까지 다녀야 하는 거리도 그렇고, 무엇보다 꿈이 현실이 되기에는 섬 생활이 녹록지가 않아 결국 한 달 만에 그만두었다. 나머지 두 번은 이미 퇴직한 교장 선생님의 친구분이 오셨고, 아이들은 '우리 선생님은 할아버지'라고 말했다.

아이의 4학년은 제대로 가르치고자 고육지책으로 담임을 신청했다. 집에서는 '엄마', 학교에서는 '선생님'으로 호칭은 잘 정리했지만 마음까지 그런 것은 아니었다. 다른 아이였더라면 세 번은 기꺼이 참아 줄 일인데 내 아이에게는 그게 안 되었다. 남들 다 하는 걸 못 하면 참을 수 없이 화가 났다. 나눗셈을 가르칠 때였다. 아이가 자릿수를 이해하지 못했다. 당시 우리 반은 달랑 4명. 인영이도 대필이도 다 하는데 큰딸은 예외였다. 몇 번 설명했는데도 마찬가지였다. 이성이 끼어들 새도 없이 손이 먼저 나갔다. 기습적으로 군밤을 맞은 딸아이의 입은 더 나왔고, 내 목소리도 덩달아 커졌다. 아이의 1년을 망치지 않으려고 시작한 일이었는데 결과적으로는 실패했다. 공부 못지않게 정서적인 안정과 교감도 중요하다는 걸 너무 늦게 깨달았다. 남의 자식은 '직업 정신'으로 가르칠 수 있지만 내 자식은 보통의 인내로는 힘들다는 것도 말이다. 집에서도, 학교에서도 도망갈 곳 없던 딸은 얼마나 힘들었을까. 딸아이의 4학년을 도둑질한 것처럼 그때 일만 생각하면 지금도 미안한 마음을 가눌 길이 없다.

그 외에도 내가 잠자고 있는데 아이들이 놀면서 큰 소리를 내거나, 어질러진 집을 치운 후 밤늦게 설거지하면서도 화를 많이 냈다고 했다. 그 말 끝에 따라온 말이 걸작이다. "그래도 엄마, 지금은 다 이해해. 그때는 충분히 그럴 만했어." 부족하고 못난 엄마를 넓은 마음으로 기꺼이 받아들인다는 딸의 마지막 말이 슬프게 와닿았다.

흔히 결혼해야 어른이 된다고 한다. 온전히 나를 내어 주고 상대방에게 맞추는 일인 육아의 어려움을 이렇게 이야기하지 않았을까. 육아는 먹고, 배설하고, 우는 것밖에는 하지 못하는 갓난아기 때부터 내 시간을 아이에게 내주고, 내 체력을 나눠 주는 것이다. 기저귀를 떼고, 뛰어다니고, 초등학교에 들어가고, 자기 시간쯤을 관리하는 중학생이 되고, 저녁밥 걱정 안 해도 되는 고등학생이 되기를 기다린다. 아이가 자립했다 싶어서 거울을 보면 어느새 나는 아이가 자라는 속도만큼 늙어 있다. 부모에게 받아서 자식에게 되돌려 주는 내리사랑의 준엄한 이치를 받아들이는 과정이 바로 인생이 아니던가. 그러고 보면, 아이는 어른의 스승이다.

아픈 손가락

점심을 부리나케 먹고는 노산공원으로 향한다. 이번 겨울에야 학교 가까운 곳에 공원이 있다는 것을 알았다. 마음 맞는 직원과 삼십여 분의 짧은 걷기를 시작한 지 한 달이 되어 간다. 학교를 나와 오일장을 지나 나지막한 언덕을 감아 돌면 공원이 보인다. 작은 언덕이지만 계속되는 오르막에 꽤 운동이 된다. 충혼탑이 있는 정상에 서면 남양면 간척지가 시원스레 펼쳐진다. 그리고 그 너머 바다가 보인다. 올망졸망 섬과 섬 사이에 펼쳐진 좁은 바다지만 흰구름이 둥실 떠 있는 맑은 날이면 어디가 하늘이고 어디가 바다인지 구별이 어려워 운치가 있다.

3월의 노산공원은 동백이 한창이다. 꽃은 화사하나 떨어지면 추한 느낌을 주는 겹동백이 아니라 꽃송이는 작지만 고아하고 핏빛처럼 붉은 재래 동백이 주를 이룬다. 물오른 두꺼운 초록잎이 햇살에 반짝인다. '가야 할 때가 언제인가를 분명히 알고 가는 이의 뒷모습은 얼마나 아름다운가'(이형기, 「낙화」)를 떠올리게 하는 동백꽃은 땅 위에 내려앉고서도 싱싱하다. 나무 위에서, 땅에 떨어져서, 내 마음속에서 세 번이나 핀다는 동백꽃. 드문드문 초록의 잎 사이에 피어난 꽃보다 통째로 툭 떨어진 땅 위의 꽃이 더 붉은 듯하다.

가쁜 숨을 내쉬며 언덕길을 오르는데 전화벨이 울린다. 익숙한 이름이 화면에 뜬다. "선생님, 저 지금 녹동에서 고흥으로 나가는 길인데 학교에 계실까요? 잠시 들를게요." 마음이 급해진다. 드디어 만나게 되나 보다. 몇 년 전부터 간간이 전화해 안부를 묻던 제자다. 어쩔 때는 광양, 또 어떤 때는 해남이라고 했다. 하는 일도 그때마다 달랐다. 선거가 실시되는 해에는 선거캠프 일을 돕는다고 했고, 작년 겨울에는 아는 형님 밑에서 택배 일을 하는데 혹시 절임 배추가 필요하면 연락하라고 말했다. 몇 년 전에는 꽤 오래 전화가 없었는데 그동안에 일본에 다녀왔다고 했다. 홍길동처럼 종횡무진하며 부지런히 사는 것처럼 보이지만 실은 어디에도 뿌리내리지 못한 채 떠돌이로 사는 안타까운 제자이다.

그는 내가 교직 6년째 되던 해 만난 아이이다. 그해 학교를 옮긴 나는 6학년 8반 담임이 되었다. 일곱 개 반은 2층에 있고, 우리 반만 외로운 섬처럼 행정실 옆의 1층 교실이었다. 아직 학교에 적응하기도 전인 데다 저경력 교사여서 동학년 선생님에게서 배울 것도 많은데 그건 고려되지 않은 모양이었다. 그러나 처음의 걱정과는 달리 담임 경력 25년을 통틀어 가장 빛나는 아이들을 그해에 만났다. 월말 평가와 학기말 평가가 존재하던 그때 우리 반은 공부면 공부, 운동이면 운동, 못하는 게 없었다. 7반 아이들과 합동 체육을 1년 내내 했는데 앞에 나와서 시범을 보이는 것도, 경기가 끝나고 우승 헹가래를 치는 것도 언제나 우리 반이었다.

각 분야에서 두각을 나타내는 아이들도 많아서 수학이나 영어, 육상 경기대회의 대표 선수도 우리 반에서 나왔다. 그뿐이랴. 미술이나 글짓기 상도 싹쓸이했고, 전교 학생회장은 물론이고, 졸업식에서 주는 1등상을 우리 반 두 명 중에서 골라야 하는 행복한 고민도 했다. 담임이 잘해서라기보다는 살짝만 건드려 주면 저절로 그리 되었다. 이전에도 이후에도 이보다 좋은 아이들을 만난 적이 없었다. 멍석만 깔아 주고 나무 아래서 기다리지 않아도 홍시가 저절로 입 속에 떨어진 해였다.

이심전심이었으리라. 그해의 아이들은 유난히 나를 따랐다. 지금도 연락하고 종종 만나는 아이들도 있고, 몇 년 전 추석 무렵 반창회를 한다고 불러 주어서 20대 중반으로 자란 열아홉 명의 제자를 한꺼번에 만난 적도 있다. 내 기억과 아이들이 추억하는 내 모습이 너무나 달라서 당황스러웠지만.

준이도 우리 반이었다. 전년도에 아버지의 고향 해남에서 전학 온 아이는 공부보다는 축구하는 걸 훨씬 좋아했다. 또래보다 키도 크고 몸집도 좋아서 운동도 제법 잘했다. 숙제를 해 오거나 준비물 챙기기, 일기 쓰기 등이 전혀 안 되어 하교 후 나머지 공부를 자주 했다. 엄마도 없이 아버지와 남동생과 살았다.

준이가 처음으로 연락해 온 건 내가 세 아이 키우느라고 정신이 없던 때였다. 학교로 편지가 한 통 왔는데 발신지가 교도소로 되어 있었다. 축구부를 육성하는 중학교로 진학해 단체 생활을 하던 중 사고를 쳐서 중학교 2학년 때 퇴학당했다는 이야기를 다른 아이에게 들었으나 직접 소식을 전해 온 건 그때가 처음이었다. 교도소라는 공간이 주는 느낌도 그렇고, 무엇보다 세 아이 키우느라고 잠시의 짬도 낼 수 없었던 시절이라 면회도, 답장도 못한 게 늘 부채처럼 남아 있었다. '의지할 곳 없던 그에게 그때 마음 한 자락 내 주었더라면 이후 삶이 조금은 달라지지 않았을까' 뒤늦게 후회했었다.

그런 내 마음을 아는지 모르는지 준이는 종종 소식을 줬다. '지금은 어느 학교에 계시냐, 언제 교장 선생님으로 승진하시냐, 언젠가는 꼭 찾아 뵐 거다'라며 해마다 스승의 날 무렵이 되면 전화를 걸어왔다. 초등학교 학력이 전부인지라 제 인생의 '유일한 스승'이라는 달콤한 말도 곁들이면서 말이다.

준이가 사무실로 들어선다. 박카스 한 병을 수줍게 내민다. 27년 만의 만남이다. 길거리에서 마주쳐도 충분히 알아볼 수 있으리만치 외모로는 변한 게 거의 없다. 그런데 스포츠머리에 흰머리가 반이다. 이제 겨우 마흔인데, 아직 장가도 못 갔다는데, 그간의 삶의 이력을 말해 주는 듯하여 가슴 아프다. 폭력을 일삼던 아버지도 오래 전에 세상을 떴단다. 그때 선생님이 축구하지 말고 공부하라고 할 때 들을 걸 그랬다는 말과 함께 당시 우리 반 아이들의 근황을 세세히 알려 준다. 이런저런 이야기를 끊임없이 하는데도 나는 자꾸만 그의 뒷모습이 눈에 들어온다. 떡 한 접시를 게 눈 감추듯 먹고 일어선다. 정해진 일정으로 직원들이 들락날락하니 마음이 불편했을 게다. 밥이라도 한 그릇 사 줄걸. 또 후회를 한다.

준이는 내게 아픈 손가락이다. 의지할 곳 없는 그 아이가 오죽 외로웠으면 특별히 잘 해 준 것도 없는 오래 전 담임에게 종종 전화를 하겠는가. 교직 초년병일 때는 나는 '무조건 아이들 앞에서 모범을 보여야 해, 뭐든지 잘해야 해'라는 병에 걸렸었다. 그러니 아이들이 웃기는 말이나 행동을 해도 소리 내어 웃지 않았다. 만만하게 보이는 게 싫어서 표정을 숨겼다. 어느 순간 그런 마음의 짐을 털어 냈다. 교사와 학생 간의 거리를 없애고 인간 대 인간으로 만난다고 생각하니 마음이 가벼워졌다. 1년이나 되는 긴 시간을 같은 공간에서 잘 살아 내는 방법은 경계를 허물고 한 가족이 되는 거였다. 어린아이일지라도 호감인지, 비호감인지는 굳이 말하지 않아도 예민한 촉수로 알아챘다. 모르는 것은 솔직히 모른다고 이야기하는 여유가 생겼다. 웃기는 말을 하거나 엉뚱한 행동을 하는 아이를 보면 아이들보다 더 크게 웃었다. 그러면 덩달아 아이들도 따라 했다. 웃음도 전염되었다.

준이한테 전화를 걸었다. 다음 번에는 맛난 밥 꼭 살 테니 다시 학교에 들르라고 말했다. 전화해 줘서 고맙다고 인사한다. 그러고 보니 전화를 먼저 한 건 처음이다. 아픈 손가락인 줄 알면서도 그동안 통증을 견디고만 있었다. 따뜻한 밥 한 끼가 '빨간약'이 되기를 기대하는 내 마음을 아는지 모르겠다.

어느 구름에 비 들었을까

어느 학교나 학기 말이 되면 다음 학년도 교육 계획 작성으로 바쁘다. 이른 학교는 11월 말부터, 늦어도 12월이 되면 학부모와 학생, 교직원에게 전년도 학교에서 했던 교육 활동을 반성하고 새 학기에 추가했으면 하는 의견을 묻는 설문지를 돌린다. 또 교직원은 그 설문의 결과를 공유하여 부족한 부분은 보완하고, 교육의 본질에 맞지 않는 부분은 빼기도 하며 다음 학기 계획을 세운다

작년 말에 우리 학교도 방과 후 시간을 이용해 2주간 그런 과정을 거쳤다. 그 결과 코로나 상황에서도 실시한 학년별 다양한 체험 학습이나 수련 활동, 수학여행, 생존 수영 등에서는 좋은 평가를 받았으나 학생 자치

활동은 많이 부족했다는 자성의 목소리가 있었다. 인원 제한으로 학생 전체가 모이는 자리는 한 번도 없었다. 학교 특색 교육이자 자랑인 오케스트라 발표 자리에도 학생 목소리는 반영하지 않았다. 여수 예울마루 공연에서도, 학부모와 지역민 앞에 서는 '선율이 흐르는 한마음 음악회'에서도 마찬가지였다.

반성은 이번 학년도에 어떻게 하면 활발하면서도 효과적으로 운영할까 하는 계획으로 이어졌다. 몇 가지 안이 오간 끝에 부서를 세분화하여 위원회 활동을 강화하는 쪽으로 가닥을 잡았다. 줄어들었던 자치 활동 시간을 늘리고 담임 교사 외에 교과 전담 교사나 영양 교사는 물론이고 교감과 교장도 각기 한 부서씩 맡았다. 이렇게 해서 방송부, 영상부, 봉사부, 건강 요리부, 생태 환경부, 홍보부, 생활 안전부의 일곱 개로 꾸려졌다. 방송부는 아침과 중간놀이, 점심시간에 음악을 틀어 준다. 작년까지 교감 선생님이 하던 일을 아이들과 함께 해 보자며 만든 부서이다. 씨디(CD)를 추가로 사서 시간별 담당자가 정해진 시간에 방송 기기를 조작한다. 지난 4월 말에 있었던 봄 체육대회 영상을 편집해 우리 학교 유튜버 채널에 올리는 일은 영상부가 한다.

봉사부는 스승의 날 기념 행사로 꽃이 피어 있는 뒤뜰에 포토존을 설치해 아이들에게 각광을 받았다. 건강 요리부는 몸에 좋은 먹거리를 알아 보고 철에 맞는 요리를 만든다. 지난주에는 여름 과일을 끼운 꼬치가 내 책상 위에 놓여 있었다. 생태 환경부는 텃밭 가꾸는 일을 주로 한다. 일이 아닌 재미로 여기고 즐겁게 참여하는 아이들이 있어서 만든 부서이다. 그 일을 교육과 연결 지어 장점을 나열하자면 끝이 없다. 자발적으로 모인 아이들이라 꽤 성실하게 활동한다.

내가 맡은 부서는 홍보부다. 4학년과 5학년이 두 명씩, 6학년이 세 명으로 모두 일곱 명이다. 이 학교 3년째다 보니 6학년 아이들은 그동안 이런저런 일로 나와의 신뢰가 쌓였다. 첫 시간에는 지방지와 중앙지, 그리고 어린이 신문 세 가지를 비교하는 일로 시작했다. 각각의 면에 번호가 매겨진 걸 처음 봤다는 아이가 대부분이었다. 중앙지와 지방지를 비교하고 기사가 실리는 면도 정치, 경제, 국제, 사회, 논설 등으로 달라진다는 점을 설명했다. 특히 사설 일부를 읽어 주니 무슨 내용인지 당최 알 수 없다고 했다. 그래서 생긴 것이 바로 어린이 신문이라고 설명하며 그 면면을 소리 내어 읽어 보게 했다. 두 시간이 후딱 지나갔다.

두 번째 만났을 때는 육하원칙에는 무엇이 있는지 알아 보고, 며칠 전에 끝난 우리 학교 봄 운동회를 그 원칙에 맞게 기사로 작성해 보았다. 일시와 장소, 대상, 한 일 등의 개요를 칠판에 적어 두었더니 아라비아 숫자까지 빠뜨리지 않고 칠판의 내용을 그대로 베껴 쓴 아이가 있었다. 갈 길이 멀었다. 다행인 건 시간 안에 다 끝내지 못한 몇 아이가 점심시간과 방과 후에도 찾아와서 완성했다는 것이다. 아크릴 게시대 두 개를 사서 그들이 쓴 기사를 현관에 게시하였더니 뿌듯해했다. 글의 끝에 홍○○ 기자라고 작성자의 이름을 표시해서 더 그랬을 것이다. 같은 내용을 기사로 쓴 거라서 읽는 재미는 적었지만 제목을 정하고, 글자 크기를 정렬하여 한글 문서 한 쪽으로 펴낸 데 의미를 두었다.

지난주 화요일 3, 4교시는 그 세 번째 시간이었다. 이번에는 모두 컴퓨터실로 갔다. 학교 누리집에 들어가서 각자 회원으로 가입했다. 필수 항목에 어른의 생년월일과 휴대폰을 적어야 해 내 정보를 알려 줄 수밖에 없었다. 쑥스러웠는데 아는지 모르는지 내색하지 않는 아이들이 고마웠다. 담임하던 무렵만 해도 학교와 학급의 누리집을 이용하여 알림장과 학교 행사를 학부모와 공유하였다. 그런데 이제는 밴드와 톡이 대세이다. 그러다 보니 누리집은 학교 관계자보다는 외부인이 학교 정보가 궁금할 때 간혹 찾는 공간이 되었다. 아이들은 그곳에 오늘의 급식 메뉴와 학교의 이런저런 행사 사진이 올려져 있는 걸 신기해했다.

학생 자치 활동 공간에 기사를 써서 올리는 게 오늘의 과제였다. 지난 2주 동안 학교에서 일어난 모든 일이 기삿거리가 된다는 말도 잊지 않았다. 글감 잡는 걸 도우려고 있었던 일 몇 가지를 칠판에 써 두었는데 나중에 보니 내가 빠뜨린 일로도 쓴 아이가 있었다. 한글 문서로 완성하고, 학교 누리집에 있는 행사 사진도 첨부하여 보기 좋게 편집한 아이도 있었다. 불과 몇 번의 수업으로 이룬 발전이라 보람 있었다. 2018년에서 멈춘 누리집의 자치 활동 공간이 아이들 활동으로 풍성해졌다.

전임지에서의 일이 떠오른다. 당시 교장 선생님의 아이디어로 지금껏 한 번도 해 보지 않은 방식으로 동아리 아이들을 모았다. 내가 맡은 부서는 '풀꽃 사랑부'였다. 교사들은 각기 피피티(PPT)를 만들어 부서를 소개하고, 앞으로 할 일을 아이들 앞에서 발표했다. 당시만 해도 문서 작성 실력이 형편없었던 나는 봄까치꽃과 할미꽃 등의 사진 몇 장을 코팅해서 꽃에 얽힌 이야기를 재미있게 풀어 가면서 우리 부서로 오라고 호소했다. 그 외 새소리를 녹음하여 그 새의 이름과 특징을 알아 가는 '새소리부'와 학교의 지리적 이점을 이용하여 갯벌에 가서 습지 생물을 관찰하는 '갯벌 체험부'도 있었다. 요리 체험부와 갯벌 체험부에 아이들이 몰리는 바람에 내가 하려던 부서는 결국 폐지되고 말았지만 아이들 유치에 열을 올리던 그 특이했던 교육 현장만은 지금도 또렷이 기억난다.

아무리 좋은 교육도 위에서 지시하면 또 다른 업무가 된다. 저절로 무르익었을 때 적절한 방향을 제시하면 훨씬 수월하게 진행된다. 지난 2년간은 교사의 성장에 방점을 두었다. 교육의 질은 교사의 질을 넘지 못한다는 건 언제나 진리이다. 교사가 경험하거나 알고 있는 모든 것이 결국에는 수업으로 이어지기 때문이다. 그러기에 수업 연구와 전문적 학습 공동체 운영, 그리고 교사 연수에 공을 많이 들였다. 그 방향이나 틀이 이제는 많이 안정되어 한두 사람이 빠져도 원칙대로 잘 운영된다. 또 그렇게 연수에서 얻은 걸 수업에 활용하는 모습도 여러 번 보았다.

이번에도 그랬다. 홍보부가 학생 자치 공간에 글을 올렸더니 다른 부서도 따라 했다. 한동안 거미줄이 쳐 있던 공간에 활기가 돌았다. 없는 일을 억지로 만들어 올리는 것이 아니기에 꿩 먹고 알 먹기다. 다음 목표는 전문가를 초청하여 진로 교육과 연계해 지도해 보련다. 서울 중앙지 기자였던 분을 모셔서 기사 작성법과 사진 잘 찍는 법은 물론 취재 현장에서 있었던 생생한 경험담을 들어 봐야겠다. 실감나는 이야기에 우리 아이들 아마도 귀가 쫑긋거리겠지? 이를 계기로 부원 중 한 명이 기자로 성장하게 된다면 그보다 기쁜 일은 없을 것이다. 어느 구름에 비가 들어 있는지는 하늘만이 안다. 보통 교육을 지향하는 초등학교에서 해 줘야 할 일이 바로 이것이리라.

스승의 날

오늘은 스승의 날이다. 코로나라는 처음 맞이하는 사태로 아이들 개학도 한없이 연기되었다. 아이들이 없는 학교는 앙꼬 없는 찐빵이다. 학교는 나오지만 뭔가 이상하다. 어렵게 개학 좀 해 보나 했더니 이태원에서 환자가 생겨서 또다시 개학은 미뤄졌다.

올해 학교를 옮긴 나는 아이들 얼굴도 보지 못한 채 5월을 맞았다. 비 오는 날 들리는 피아노 건반 소리, 와글와글 개구리 우는 것처럼 시끄럽던 아이들 소리가 그립다. 하루에도 열두 번 꼭지를 돌게 만들던 그 소란스러움이 사실은 사람 사는 세상, 내가 30년 이상 들어오던 익숙한 소리였다는 것을 새삼스럽게 깨닫는다.

코로나19라는 바이러스 탓으로 인류는 한 번도 경험하지 못한 일을 겪고 있다. 학교 역시 아이들 없는 온라인 개학으로 부산하고 혼란스럽다. 이래저래 2020학년도 학교는 역사에서 오래 기억될 것이다. 아이티(IT)강국 한국은 진화하는 온라인 학습과 쌍방향 수업으로 바뀌어서 20세기의 새로운 학교 모델을 창조하게 될 것이다. 효율적이고 모범적인 방역으로 국격도 한 단계 올라가는 중이다. 우리가 익히 알고 부러워하던 선진국이 사실은 모래 위에 쌓은 성이었고, 그리하여 그들의 화장기 없는 민낯은 영 볼품없다는 것도 알게 되었다.

오늘은 스승의 날! 혼란 속에서도 봄은 왔고, 가정의 달 한가운데 있는 '스승의 날'이 돌아왔다. 스승의 날이라고 하여 별다를 것이 없다. 스승이라고 불러줄 아이들이 없는 학교에서 '김영란법' 이후로 카네이션 한 송이 받는 것도 금지된 오늘, 우리끼리 자축이라도 해 볼까 했더니 사람 모이는 것 자체가 조심스러워서 그조차 눈치가 보인다.

창밖에는 여름 장마인 듯 굵은 장대비가 내리고, 안개가 산 아래까지 내려와서 노는 지금 세상은 온통 흐리고 몽환적이다. 그런데 바로 그때, 그 빗속을 뚫고 선물이 배달되었다. 10여 년 전 모시던 교장 선생님이 당시 교무였던 내게 스승의 날 축하 선물을 보내신 거다. 세월이 흘렀어도 빛이 바래지 않는 것이 진짜라고 하시던 지인의 말처럼 그때나 지금이나 부족한 나를 변함없이 아껴주는 분이시다. 세련된 외모에 달변가도 아니었으나 사는 것 자체가 진솔하고 맑은 분이셨다. 앞과 뒤의 모습이 한결같아서 보여 주는 교육보다 교육의 본질을 추구했다. 권위적이지 않은 그 소탈함이 참 좋아서 근무하면서 최선을 다했다. 학교를 옮긴 이후에도 그때 근무한 사람들과 간간이 모였다. 그러나 그 마지막 모임조차 3년이 넘었고, 이미 정년퇴직하신 데다, 나와는 10년도 더 전의 인연이기에 더 감동적이다.

다른 기관과는 달리 아무리 좋은 인연이라도 학교는 4년 이상은 근무할 수 없다. 그러기에 학교를 옮기면 동료 교사나 학생과 인연을 이어 가기가 웬만한 의지로는 어렵다. 학교 몇 군데 옮기고 나니 청춘이 다 가 버렸다는 어느 교사의 말처럼 정기적인 모임을 만들지 않는 한 아무리 좋은 인연도 떠나 버리면 그만이다. 미운 사람이 생기면 아무 때고 떠날 수 있는 자유가 있는 반면, 더 오래 근무하고 싶은 사람과도 가차없이 헤어져야만 한다. 이제 내 집처럼 익숙하고 편해질 만하면 다시 보따리를 싸서 낯선 곳으로 이동해야 하는 것이 교사의 숙명이다.

교장 선생님과는 순천의 작은 학교에서 만났다. 근무하는 선생님도 몇 명 안 되었고, 전교생도 30명이 채 되지 않는 미니학교였다. 구성원들의 수가 적다고 모두 가족 같은 분위기가 되는 건 아니다. 그 몇 안 되는 데서도 이런저런 문제가 불거지고 목소리 큰 한 사람이 있으면 큰 학교의 균열보다 훨씬 파급력이 크다. 교장 선생님의 넉넉한 인품으로 그 작은 학교는 학생 간, 교사 간에도 가족 같은 분위기를 자랑했다.

어느 해 겨울 방학, 각 가정에서 자녀 한 명씩을 데리고 오사카로 여행을 갔다. 여덟 명의 선생님이 자녀와 동행했는데 딱 한 사람, 이미 자녀가 다 자라 버린 교장 선생님만 사모님을 모시고 왔다. 처음에는 또 한 분의 상사를 모셔야 하나 싶어서 불편하고 어색했다. 그러나 곧 교장 선생님만큼이나 소탈하고 따뜻한 사모님과 잘 어울리며 여행을 즐겼다. 부산에서 19시간이나 배를 타고 일본 시모노세키항에서 내려 오사카 일대를 여행하고, 다시 그만큼의 시간이 걸려 되돌아오는 여정이었다. 배에서 오랜 시간을 함께 있었지만 지루하지 않았다. 이야기 나누고 게임도 하면서 한결 친해졌다. 배에서 자고 도착해 부산 자갈치 시장을 들렀던 기억이 꿈결 같다.

나는 어떤 사람으로 기억될까? 이왕이면 따뜻한 사람, 사람 냄새나는 사람으로 기억해 주면 좋겠다. 나 역시 누군가의 제자였으면서도 꽃 한 송이 보내지도, 편지 한 장, 문자 한 문장 쓰지 않으면서 누군가의 스승이었던 것으로 오래 전 제자가 소식 주기를 희망하는 이 이중성을 어이할꼬? 해마다 스승의 날이 되면 전화를 해 주던 준이도 올해는 소식이 없다. 중학교 때 학업을 중단해 초등학교 6학년 때 담임인 내가 '제 인생의 유일한 선생님'이라는 기분 좋은 멘트도 날려줄 줄 아는 준이. 이제 곧 마흔이 다 되겠다. 그사이 노총각 신세는 면했으려나. 오늘 소식은 없지만 어디서든 행복하기를 빌어 본다.

교단에 선 지 30년이 넘었다. 오늘 하루의 삶에 최선을 다하며 살아왔다고 자부했으나 그 안에서 모진 말로 상처 주고 '교육'이라는 이름으로 행해졌던 무수히 많은 폭력과 얼룩이 있었을 것이다. 나와의 인연으로 한 교실에서 생활하며 스쳐간 많은 제자가 생각난다. 선행아, 현정아, 금종아, 종석아, 재영아, 남인아! 부디 건강하게, 행복하게 지내렴!

보약 한 재

"가시게요."

겨우 휴대폰 한 대 들어가는 작은 가방을 엑스자로 메고 기다리던 참이다. 학교 앞 농협을 지나 오일장에 들어선다. 오전에만 반짝 열리는 작은 장이지만 해산물이 풍부하다. 갑오징어를 사서, 단골 주인에게 맡긴다. 내려오는 길에 찾아갈 참이다. 실장은 길 건너 트럭에서 고구마를 산다. 지난 장에 산 고구마가 꿀이었단다. 학교에서 이백 미터 거리에 오일장이 있는 건 이 학교에 근무하는 커다란 매력 중 하나다.

걸음을 재촉하여 입구에 이른다. '사계절 꽃 피는 꽃의 노산공원' 이정표가 보인다. 새소리가 청량하다. "어서 와." 인사하는 것 같다. 이 길에서는 까마귀도 반갑다. 지척에서 지저귀는 작은 새와 달리 높은 곳에서 "까악!" 소리친다. 나도 "까악!" 대답한다. 함께 간 일행의 웃음소리가 후렴이 된다. 아스팔트 길이라 걷는 건 팍팍하지만 오르막에서는 운동량이 두 배렷다. 숨소리가 거칠어질 무렵에 벤치가 보인다. 얼마 전까지는 매화꽃이 이 길을 밝혔다. 하나둘 나무에 새순이 돋더니 이젠 동백이 피어난다. 드문드문 스무 그루쯤 되는 나무에서 피는 꽃은 수수하면서 곱다. 땅에 떨어질 때조차 우아하다. 이 길은 곧 벚꽃 세상이 될 것이다. 봄비 내린 뒤에는 꽃비가 쏟아지겠지? 맨 처음 눈길 걷는 사람처럼 사뿐사뿐, 조심조심 걸을 거야. 그러면 봄이 성큼 우리 곁에 와 있을 거야.

잠시 숨을 고르고 다시 칠팔백여 미터를 오르면 정상이다. 키가 큰 애기단풍과 벚나무가 터널을 이뤘다. 한여름에 와도 그늘이라서 시원하다. 한 달 이상 노랑, 주황, 빨강으로, 그리고 늦둥이 초록으로 형형색색의 단풍을 보여 주던 지난가을을 기억한다. 야자 매트가 깔린 길은 한 바퀴가 300미터쯤 된다. 중간쯤에 있는 목재 데크에 서면 동강과 남양면의 너른 들이 한눈에 들어온다. 경지 정리된 간척지라서 네모반듯하다. 하루가 다르게 초록으로 채워지고 있다. 가까이엔 남양 저수지, 멀리는 남해가 보인다. 불어오는 바람이 시원하다. 소나무 사이로 우리 학교도 보인다. 동요 소리가 여기까지 들린다. 축구를 하는지 운동장을 뛰어다니는 아이들 모습이 정겹다.

점심을 먹고 학교 인근에 있는 공원으로 산책 나선 길이다. 나랑 식사 시간이 같은 행정실 직원 둘과 동행이다. 재작년에는 다른 이와 단둘이 다녔다. 밀린 이야기도 나누고, 운동도 하니 만족도가 높았다. 학교 떠나면 이 순간이 가장 기억날 것 같다던 그녀는 재작년 7월에 다른 학교로 발령이 났다. 후임자는 한 번 오고는 싫단다. 꽤 가팔라서 힘에 부친다며. 광주에서 출퇴근하는지라 체력도 아껴야 한단다. 결국 나 혼자 남았다. 햇살이 강해서, 미세먼지가 심해서, 비 온 뒤라서, 추워서, 컨디션이 별로여서. 오지 않을 이유는 많았다. 운동하는 날보다 빠지는 날이 더 많았다. 학교 가까이에 이리 좋은 산책길이 있는 줄 알면서도 마음 내기가 쉽지 않았다.

교감 초임지에서 있었던 일이다. 간간이 저녁을 같이 먹고, 산책과 운동을 즐기고, 그러다가 마음에 드는 찻집에 앉아 이런저런 이야기를 나눌 단 한 사람이 있기를 바랐다. 첫해에는 괜찮았다. 점심시간에 손 맞추며 배구와 배드민턴을 함께 하는 동료가 있어서 하루치 운동은 할 수 있었다. 퇴근하면 학교 인근 아파트에 사는 노처녀 선생님과 마을 곳곳을 쏘다녔다. 남의 집 살구를 따 먹다가 혼나기도 하고, 자운영 꽃밭에서 오래 앉아 있다가 오기도 했다.

"생애의 어느 한때 한순간, 누구에게나 그 '한순간'이 있다. 가장 좋고 눈부신 한때. 그것은 자두나무의 유월처럼 짧을 수도 있고, 감나무의 가을처럼 조금 길 수도 있다. 짧든 길든, 그것은 그래도 누구에게나 한때, 한순간이 된다. 좋은 시절은 아무리 길어도 짧을 수밖에 없는 것이다. 짧기 때문에 좋은 것이다."라는 공선옥 작가의 『자운영 꽃밭에서 나는 울었네』 수필을 찾아 읽은 것도 그 무렵이었다. 토끼풀로 화관을 만들어 머리에 쓰고 사진을 찍었다. 어릴 적 즐겨 먹었다는 아카시아꽃 튀김 이야기를 듣고는 그 꽃을 같이 땄다. 등에 멘 작은 가방에는 항상 칼과 비닐봉지가 들어 있었다. 밭둑에 앉아 쑥이나 냉이를 캐서 담는 용도였다. 밤 산책을 마치고 돌아오는 길, 바닷가 벤치에 앉아 '흑산도 아가씨'나 '처녀 뱃사공'을 흥얼거렸다. 보름달의 긴 그림자가 바다 위로 반짝이는 황금 띠를 만들었다. 그때가 바로 그 '한순간'이었을까?

이듬해 그녀는 지금껏 월세 내던 학교 앞 아파트를 떠나 교육청 관사로 이사했다. 배구 선생님이 되어 주던 분도 다른 학교로 전근 갔다. 무료하기 짝이 없었다. 무엇보다 같이 운동할 사람이 없었다. 새로 오신 남자 교장 선생님은 신중한 분이셨다. 운동 나가자는 내 말에 "우리 둘이요?"라며 놀란 토끼눈이 되었다. 별거 아닌 일에도 말을 만들어 낼 수 있는 게 시골 인심이란다. 체육관에서 배드민턴이나 배구를 하자고 해도 난색을 표했다. 유일하게 관사에 거주하던 또 한 사람, 실장님은 퇴직을 앞두었다. 건강이 나빠서 외식이나 운동은 꿈도 꾸지 않고 학교만 겨우 출근했다. 함께 운동하고, 산책하며 간혹 찻집에서 수다 떨던 그 전 해가 그리웠다.

운동을 안 할 수는 없었다. 전근 간 배구 선생이 일주일에 한 번씩 읍내 초등학교에서 열리는 어머니 배구 모임에 나오라고 연락해 왔다. 저녁 먹고 운동한 것까지는 좋았다. 학생 선수를 키우는 벌교 상고의 배구 코치가 재능 기부로 가르쳐 주기에 개인의 기량과 위치에 상관없이 토스와 스파이크를 연습할 수 있었다. 줄 서서 빵빵 때리는 것이 재미있었다. 이대로라면 실력이 쑥쑥 늘 것 같았다. 문제는 읍내에서 학교 관사까지 15분을 혼자 운전하고 오는 것이었다. 밤 10시가 넘어서 구불구불 길고도 험한 봇재를 내려오다 보면, 뒷자리에 앉은 누군가가 금방이라도 머리카락을 잡아당길 것 같았다. 그 두려움을 이기지 못한 나는 읍내 나들이를 단 한 번으로 끝내고 말았다.

궁여지책으로 혼자서도 할 수 있는 자전거를 떠올렸다. 아이들이 타던 것에 바람을 빵빵하게 넣고 승용차에 우겨 넣었다. 퇴근하자마자 바닷가로, 옆 마을 학교까지 마실 다녔다. 그런데 가족들부터 말리기 시작했다. 차선 가장자리에 별도의 자전거 선이 그어져 있기는 했으나, 시골에서는 잘 지키지 않는단다. 금방 어두워지는 데다 별로 운동이 되는 것 같지도 않았다. 무엇보다 혼자보다 여럿이 하는 것을 좋아하는지라 재미를 느낄 수가 없었다. 번쩍이는 랜턴에, 후미등, 번호키 열쇠까지 샀지만 금세 무용지물이 되고 말았다.

그때의 경험으로 운동할 수 있는 좋은 동료가 있는 것도 큰 복이라는 걸 알게 되었다. 올 1월에 새로 온 실장은 체구가 작다. 평균 키에도 못 미치는 내가 내려다볼 정도다. 그런데 뜻밖에도 운동 마니아다. 헬스장에서나 있음 직한 별의별 운동 기구를 집에다 차려 두고 남편과 근력 운동을 즐긴단다. 그러니 웬만한 날씨에도 휘둘리지 않고 기꺼이 나와 함께 길을 나선다. 작년까지는 실내만 빙빙 돌던 또 다른 직원도 함께여서 셋이 한 팀이 되었다. 오르막을 오르는 속도도 조금씩 빨라졌다. 둘 다 제대로 맛들였는지 햇살이 강해지면 양산 쓰고 오잔다. 일단 학교 울타리를 벗어나면 바람의 결마저 다르게 느껴진다. 하루 종일 컴퓨터만 들여다보며 앉아 있는 내게는 황금같은 시간이 아닐 수 없다.

왕복 2.9km의 길을 걷는 데 40분이 걸렸다. 자투리 시간을 참으로 알차게 썼다. 오늘 일을 다한 듯 뿌듯하다. "두 분 덕분에 보약 한 재 잘 먹었습니다." 신발을 갈아 신으며 인사를 나눈다. 진심을 담아 건네는 이 말이 빈말이 아니라는 것을 이분들은 알까?

길 잃은 양

사건이 터졌다. 흡사 지진이라도 난 듯 진동이 요란하다. 사무실에 있던 동료에게 무슨 일이냐고 물었다. “홍이가 또 터진 것 같은데요?” 그날은 교감으로 승진하여 발령받은 지 한 달이 채 안 되는 날이었다. 2층으로 가니 소리는 더 확실해졌다. 온 학교를 쩌렁쩌렁 울리는 괴성. 담임 교사가 양팔을 붙들고 있다. 교실은 이미 난장판이다. 열두 명의 아이들이 쓰는 책상은 모두 엎어져 있고 책상 속의 물건과 사물함 위의 자료 바구니도 나뒹굴고 있다. 교실이 아니라 전쟁이 지나간 폐허 같다. 반 친구 열한 명은 컴퓨터실로 피신한 상태였다.

무슨 일인가에 기분이 나쁘면 서너 시간 괴성을 지르고 교실을 엉망으로 만들어 버린다. 물건을 집어던지고, 사물함 위에 전시해 둔 미술 작품을 다 망가뜨린다. 교사들이 돌아가면서 어르고 달래도 소용없다. 한번은 말리던 보건 교사의 말이 귀에 거슬렸는지 물건을 던져서 가로 1미터가 넘는 앞문의 유리창이 박살 났다. 피했기 망정이지 그대로 맞았더라면 얼굴에 크게 상처가 났을 거다. 담임이 팔을 잡고 있으니 발버둥을 치며 다리를 찬다. 화가 나 있는 상태라서 힘도 장사다. 집으로 돌려보내기도 쉽지 않다. 교실 문을 붙잡고 나오지 않으려고 안간힘을 쓰는 바람에 남자 선생님 서넛이 겨우 힘으로 제압하여 승용차에 태우면 차는 요동치고 아이의 반항은 더 심해졌다. 집으로 가는 20분 동안에-아이의 집은 학교에서 가장 멀었다- 무슨 일이 벌어질지 몰라서 데려다주는 것도 불가능했다. 그렇다고 지켜볼 수만도 없었다. 한 건물에 전교생이 있었기에 그런 날은 하루 종일 학교가 들썩들썩했다.

교직 생활 동안 이렇게 심한 아이가 있다는 걸 주변에서 듣지도 보지도 못했는데, 교감 초임인 해에 이 아이를 만났다. 담임은 3월 24일자로 신규 발령을 받은, 이제 대학을 막 졸업한 스물네 살의 여교사였다. 그 아이가 있는 학급을 기존 교사가 아무도 맡지 않으려고 하는 바람에 뻔히 신규 교사가 올 줄 알면서도 그렇게 배정할 수밖에도 없었다. 원 담임은 학기 중간에 군대에 입소하여 후임으로 온 것이다. 사회 초년병이 겪는 예방 주사라고 하기에는 아이의 상태가 너무 심했다. 행여 교직 자체에 회의감이 들면 어쩌나 걱정이었으나 아이가 전학 가지 않는 이상 별 도리가 없었다.

홍이가 난리를 피우기 시작하면 공부도, 생활 지도도 아무것도 할 수 없는 공황 상태가 된다. 같은 반 아이들은 으레 그럴 줄 알았다는 듯 초연하다. 어떤 때는 공부하지 않고 적당히 불편한 이 상태를 즐기는 게 아닌가 하는 합리적인 의심이 들었다. 아이들을 불러다가 좀 조심하지 그랬느냐고 야단을 쳐도 그때뿐이었다. 화를 내는 지점을 종잡을 수 없다고 했다.

사실 이 아이들은 가장 큰 피해자다. 서로를 잘 아는 시골 학교이다 보니 아이들도 그 부모들도 알면서도 그냥 그러려니 했다. 도시 학교였다면 남은 아이의 수업권 때문이라도 절대로 그냥 넘어가지는 않았을 것이다. 같은 반 아이들은 홍이의 발작-그건 단순한 화가 아니라 발작이었다-을 1학년 때부터 지켜보고, 또 한편으로 참아 주는 과정에서 생긴 분노와 스트레스가 상당했다. 교육청 상담 센터의 집단 상담 결과도 그 정도가 심각하다고 나왔다.

홍이는 한눈에 보기에도 몹시 우울해 보였다. 내성적이고 묻는 말에도 잘 대답하지 못했다. 대화하면서도 눈을 맞추지 않았다. 아이는 5학년이라고 볼 수 없으리만치 지적 수준이 낮았다. 받침 없는 글자를 겨우 읽는 수준이었다. 자신의 이름을 쓸 때조차 'ㅎ'을 바로 쓰지 않고 동그라미만 쓰고 'ㅗ'와 받침 'ㅇ'을 쓴 뒤 맨 위로 올라와서 남은 부분을 썼다. 낱자 'ㅎ'을 안다면 할 수 없는 일이었다. 그러니 받침 있는 글자를 읽거나 쓰는 건 거의 되지 않았다. 1부터 100까지 수도 세지 못했다. 매년 기초학력 부진아였고, 통과되지 못한 채 새 학기를 맞았다. 5학년 교과서의 내용을 따라갈

수 없는 수준인 것이다. 사회성이 발달하지 못해 반 아이들과도 자주 마찰을 일으켰다. 등교해서 친구들이나 담임에게 인사도 하지 않았다. 교장, 교감을 비롯해 다른 선생님을 복도에서 만나도 마찬가지였다. 공부할 마음이 없는지 수업 시간에 교과서를 펴 놓지도 않고, 얼굴에는 불만과 분노가 가득 차 있었다.

가정 환경도 좋지 않았다. 재혼 가정으로 부모의 나이가 열네 살 차이가 났다. 아버지는 잘못을 저지를 때마다 폭력으로 다스렸다. 어머니는 상황에 따라 담임에게도 거짓말을 일삼았다. 중학교에 다니는 이복형에게 홍이는 관심 밖의 동생일 뿐이었다. 그가 소란을 일으키면 어머니에게만 연락했다. 아버지가 알게 되면 또 폭력으로 이어진다고 했다. 그녀는 날품으로 감자를 캐거나 농사일을 하다가 학교로 왔다. 교장, 교감, 보건, 담임이 몇 시간에 걸쳐 설득하고 달랜 노력이 무색하게 그녀만 오면 순식간에 얼굴이 바뀌어 아무 일 없다는 듯이 어머니를 따라 집으로 갔다. 아이는 분노 조절 장애였다.

한번은 아침 11시쯤 시작한 소란이 퇴근 시간도 넘겨 오후 6시까지 이어진 적이 있었다. 급식도 먹지 않고 땀을 뻘뻘 흘리는 아이를 보다 못해 112에 신고했다. 출동한 경찰은 대뜸 이까짓 일로 불렀냐며 화를 냈다. 자초지종을 듣고는 아이를 한쪽 구석에 데리고 가서 회유하기 시작했다. 나중에는 화를 내며 위협도 하는 듯 보였다. 하지만 아이는 요지부동이었다. 오히려 더 거칠게 소리쳤다. 결국 경찰도 포기하고 돌아갔다.

점심도 거른 채 몇 시간을 울다 보니 아이는 탈진 상태가 되었다. 천식까지 있어 이번에는 119구급대를 불렀다. 세 명의 구급대원 중 여자 대원이 아이의 처지에 감정 이입하여 울먹이면서 아이를 달랬지만 끝내 뜻을 이룰 수는 없었다. 어떻게 이런 아이가 다 있느냐며 학교를 동정하는 말만 쏟아내곤 돌아갔다.

그런 소란이 한 번 일어나면 열흘가량의 무단결석이 이어졌다. 친구들 보기가 부끄러웠을까, 아니면 미안해서였을까? 선생님도 반 친구들도 아이를 향한 미움과 원망이 다소 엷어질 무렵 그런 일이 언제 일어났느냐는 천연덕스러운 얼굴로 다시 오곤 했다. 이해가 가지 않는 건 그런 아이를 대하는 부모의 태도였다. 부모는 아이가 문제가 있다는 걸 인정하지 않았다. 아이들은 그러면서 크는 거라고 했다. 아버지는 자신은 어릴 때 그보다 더한 일도 했지만 이렇게 잘 살아가지 않느냐고 항변했다. 어머니는 인근 병원에 규칙적으로 다니며 약을 받아 오는 걸로 부모의 역할을 다한 듯 말했다.

아이를 진단하는 의사 선생님은 이렇게 순한 아이가 무슨 문제가 있느냐며 오히려 엄마를 이상하게 쳐다본단다. 당연하다. 아이는 29일 동안은 조금 무기력하고 온순하고 우울할 뿐이지 문제 행동을 보이지는 않았다. 다만 그 하루가 문제였다. 친구가 무시하거나 놀리는 말을 하면 어느 순간 폭발하여 걷잡을 수가 없었다. 언제 터질지 모를 시한폭탄을 가슴에 안은 것처럼 하루하루가 조마조마했다.

적절한 진단과 치료를 하려고 나주에 있는 전문 병원에 의뢰해 놓고 부모의 동의를 기다렸지만 거절당하기 일쑤였다. 부모가 데리고 가는 것도 아니고 교육청 위(Wee)센터 선생님이 운전하기에 동행만 하면 되는데도 말이다. 아이를 정신병자 만들 일 있느냐는 말로 쫓아내기 바빴다. 심지어는 위(Wee)센터 로고가 박힌 차량이 자신의 집 앞에 서는 것도 싫어했다. 아이의 진단비로 예산을 책정해 놓았으나 부모의 동의 없이는 학교나 교육청은 아무 일도 할 수 없었다. 다만 참고 견디는 것뿐.

며칠 전 배우이자 엠씨(MC) 박소현씨를 오은영 박사가 에이디에이치디(ADHD, 주의력 결핍 과잉행동 장애)로 진단하는 걸 보았다. 그녀는 연예계 내에서 소문난 건망증 소유자란다. 20년 넘게 라디오 디제이(DJ)를 하면서도 수년간 함께했던 피디(PD) 얼굴을 못 알아본다거나 남자와 소개팅으로 만나 식사까지 했으면서도 몇 달 후에 그런 자리에서 또 만나고서도 전혀 기억하지 못하는 등 증상이 꽤 심각했다. 그러고 보니 한때 '앞뒤가 똑같은 전화번호' 광고 모델을 한 것도 그녀의 그런 특성을 활용한 거였나 보다. 어렸을 때부터 치료를 받았더라면 그녀의 건망증이 지금처럼 심해지지는 않았으리라고 오 박사는 말했다.

그로부터 8년이 지났다. 초등학교 5학년이던 아이는 이제 열아홉 살, 고3이 되었겠다. 학교는 잘 다니고 있으려나(중학교 1학년 때 부모의 이혼으로 그 지역을 떠났다). 여전히 치솟는 분노를 조절하지 못해서 주변 사람들을 힘들게 하고 있을까? 홍이도 오 박사의 말처럼 증상이 일어났을 때부터 진단과 치료가 있었다면 아이가 살아갈 세상이 훨씬 수월하진 않았을까? 문제 행동을 보이는 아이 뒤를 살피면 그런 부모가 있다. 제때 치료하지 않으면 나중에는 훨씬 비싼 대가를 치러야 한다. 사회적인 비용도 많이 든다. 부디 길 잃은 한 마리 양이었던 그가 이 사회 구성원으로 당당하게 살아가기를 빌어 본다.

쌓기는 어렵지만 허무는 일은 한 순간

최근 안과 치료를 받고 있다. 눈 안쪽에 염증이 생겨서 병원에 갔더니 안구 건조증이 심하다고 했다. 일주일에 한 번씩 레이저 치료를 받았다. 주로 모니터를 보며 일하고, 잠자기 전에는 종이신문이나 책 읽는 일을 오래 해왔다. 낮에 못 본 포털창의 기사 읽기나 인터넷 쇼핑은 저녁에 휴대폰으로 했다. 그렇게 눈을 혹사했으니 탈이 난 건 당연한 결과였다. 휴대폰 보는 시간을 줄이고 책도 덮었다. 맛깔나게 소설을 읽어 주는 유튜버 영상을 켜 놓고 잠이 들었다. 멍하게 텔레비전 보는 시간만 늘었다.

아름다운 바닷가 마을을 배경으로 선남선녀가 자잘한 갈등을 겪다가 행복해지는 드라마를 재미있게 보았다. 여자 주인공이야 주연을 여러 번

했기에 익숙한 얼굴이었으나 남자 주인공은 그렇지 않았다. 그런데도 여주인공과 잘 어울리며 자연스럽게 극에 녹아 들었다. 알고 보니 십 년 이상을 연극판에서 활동하다 와서 연기 내공이 상당하다 했다. 잘 생긴 데다 웃으면 보조개가 쏙 들어가서 선량한 느낌을 주었다. 드라마가 끝나자, 그가 모델로 등장하는 광고가 줄을 이었다. 전 세계가 열광하는 〈오징어 게임〉을 제치고 한국 넷플릭스에서 1위로 순항중인 작품이 바로 내가 보는 〈갯마을 차차차〉라고 했다. 착한 이미지의 남자 주인공은 광고 한 편당 7억이나 받는 인기 배우가 되었다는 연예 기사가 매일 쏟아졌다.

그런데 기다렸다는 듯이 추문이 쏟아졌다. 선량한 이미지라 타격은 더 컸다. 사랑도, 이별도 청춘 남녀 사이에 얼마든지 일어날 수 있는 개인의 사생활일 뿐이지만 여론은 그렇지 않았다. 인기 예능 프로그램 하차는 물론이고 찍어 둔 광고의 위약금까지 물어야 할지도 모른단다. 무명 시절 10년을 거쳐 인기 최정상에 올랐다가 한순간에 나락으로 떨어진 그를 보면서 '오징어 게임 속 말'일 뿐이라고 했던 곽 모 국회의원의 아들이 떠올랐다. 한류 열풍을 타고 한국을 넘어 세계적인 배우로 우뚝 설 수도 있는 인기를 허무는 데는 하룻밤이면 충분했다.

몇 년 전 전임지에서의 일이다. 학교는 교육부에서 1년에 한 번씩 주관하는 '100대 교육과정' 준비로 바빴다. 보고서를 써서 도교육청의 심사에 통과하면, 다시 수정해 이번에는 교육부에서 온 분들의 실사를 받아야 했다. 특색 있는 교육 과정을 문서로 잘 엮어 내는 게 승부의 관건이었다. 연일 초과 근무가 이어졌다. 낮에는 평소처럼 아이들을 가르치고 학교 인근 식당에서 저녁을 먹고는 다시 교무실에 모였다. 단 20쪽에 학교가 하는 다양한 프로그램을 보기 편하게 정리해 넣느라고 밤마다 머리를 쥐어뜯었다. 일찍 퇴근해야 9시였다. 한두 달 만에 끝나는 일도 아니었다. 건강이 안 좋았던 나는 더는 버티지 못하고 나중에는 책상 뒤 바닥에 요가 매트를 깔고 쪽잠을 자기도 했다.

위안이라면 그때 함께 노력했던 선생님들과 끈끈한 사이가 되었다는 거다. 공통의 과제를 해결하는 동안 정이 많이 들었다. '건강을 잃은 대신 사람을 얻었다'고 공공연하게 이야기할 정도로 학교를 옮기고 나서도 젊은 선생님들과 교류했다. 이 선생님도 그 중 한 사람이다. 타고난 '선생'이었다. 말썽꾸러기, 부진아, 가정적으로 열악한 아이를 내 아이처럼 따뜻하게 챙겼다. 한 달에 한 번씩 아이와 함께 순천에 있는 병원에 가서 약을 타 오는 일을 학년이 바뀌어서 담임이 아닌데도 계속했다. 선행을 다른 사람이 아는 것도 불편해했다. 순천에 있는 종합 병원 진료가 끝나면 다시 아이를 집이 있는 벌교까지 데려다주고 돌아갔다. 측은지심이 없다면 할 수 없는 행동이었다.

그런데 그 선생님이 고소당했다. 학교를 옮긴 첫 해, 순간의 화를 참지 못하고 학급 아이를 때린 것이다. 아이는 닳고 닳아서 집에서도 내놓았다. 아이가 어렸을 때 엄마는 집을 나가고 아버지가 홀로 키웠다. 담임이 되자마자 아이에게 정성을 다했다. 아이가 좋아하는 축구를 맘껏 할 수 있게 휴일이면 옆 학교 축구 클럽에 데려가서 같이 놀았다. 가정에서도 집에서도 사랑받지 못하는 아이의 처지를 딱하게 여겼다. 아이는 서서히 마음을 열고 잘 지냈다. 담임하고만 그랬다.

교담 선생님 시간에는 장난을 쳤다. 사건이 일어난 그 날은 '지우개 던지고 받기 놀이'를 영어시간 내내 했다. 교담 선생님은 이미 퇴직하고 다시 기간제 교사로- 전남의 벽지나 농어촌 학교는 기간제 교사를 구하기가 어려워서 2차 공고까지 했는데도 지원자가 없으면 퇴직자를 쓸 수 있다. - 들어온 터라 나이가 많았다. 대놓고 장난치는 아이를 그냥 두고 볼 수밖에 없는 형국이다. 수업을 방해하는 아이를 야단쳐도, 교실 뒤에 세워 두어도, 복도로 쫓아내도 다 아동 학대다. 벌이나 체벌의 직접적인 방법이 아닌 표정이나 몸짓을 문제 삼기도 한다.

화를 삭이지 못해 얼굴이 붉으락푸르락 된 기간제 선생님을 복도에서 만난 이 선생님은 저간의 사정을 듣고 폭발하고 말았다. 미우나 고우나 내 자식이 옆집 사람에게 욕먹는 걸 기분 좋게 받아들일 부모는 없을 테니까. 학급 아이들이 급식 먹는 사이 장난친 두 아이를 빈 교실로 데리고 가서 체벌을 하고 만 것이다. 그 날은 '머피의 법칙'이 제대로 적용된 날이다. 몇 년 전에 집을 나간 엄마가 집에 와 있었다. 화가 난 엄마가 학교로 여러 번 전화했으나 하필 전화는 고장나 있었다. 관리자는 그 일을 너무 늦게 알았다. 불이 났으나 초동대처에 실패한 것이다.

사건이 일어나면 결과로만 이야기한다. 믿는 도끼에 발등 찍힌 격이라

욱해서 그랬다는 말은 타당한 이유가 되지 않는다. 아이를 사람 만들려고 애쓴 노력도 물거품이 된다. 그는 그 일로 꽤 오래 교단을 떠나 있었다. 아이들이 무섭다고 했다. 그간 선생님의 따뜻한 모습을 기억하는 많은 제자, 학부모, 동료 교사가 자발적으로 구명 운동에 나섰다. 탄원서를 쓰고 백방으로 선생님을 구하려고 노력하는 모습은 한 편의 드라마였다. 자칫 교단을 떠날 수도 있는 처지였다. 아직은 창창한 30대 중반인데 남은 날이 길었다. 무엇보다 그는 놓치기 아까운 '참 교사'였다.

사람들은 특히 성직자나 교사에게 높은 도덕성을 요구한다. 〈갯마을 차차차〉의 남주인공인 그도 평범한 사람이었다면 남녀 간의 치정 문제로 끝났을 것이다. 그로서는 억울한 면도 있겠으나, 대중의 인기와 사랑을 먹고 사는 연예인이기에 남의 입방아에 오르내리는 건 어쩔 수 없다. 이 선생님도 마찬가지다. 어떤 이유로든 폭력은 용납되지 않는 시대이다. 백 번 잘해도 한 번 잘못하면 치명적이다. 명예는 쌓기도 어렵지만 허무는 일도 한순간이다. 한 번의 큰 파도를 넘기고 어렵게 교단에 선 이 선생님의 남은 교직 생활이 순풍에 돛 단 듯이 평화롭기를 빈다.

나 하나만이라도

작년에는 코로나 팬데믹으로 교육 활동이 많이 축소되었다. 아이들의 체험학습이나 교직원의 출장이 거의 없어졌고, 꼭 필요하면 비대면으로 운영되었다. 줌(ZOOM)을 활용한 실시간 화상 회의도 처음에만 어렵지 기능을 익히니 편한 점이 많았다. 그런데 한공간에 모여 강사의 생생한 입담으로 듣는 것만큼 교육의 효과가 높지 않았다. 뭔가 열심히 듣기는 했는데 머릿속에 남아 있는 게 없었다. 쌍방이 아닌 일방적으로 강사의 이야기를 듣는 강의는 더 그랬다. 화면을 보는 시간이 길어지면 저절로 잠이 왔다. 전국에서 내로라하는 유명한 강사의 강의도 마찬가지였다.

올해는 체험학습도 가까운 거리로 제한하기는 하나 계획대로 실시하고,

교직원들의 출장도 작년보다는 잦다. 집합 연수도 조금씩 늘고 있다. 1, 2학년 담임 교사 모두를 대상으로 하는 연수도 그 중 하나이다. 50명 가까이 되는 선생님들을 두 반으로 나누어서 하는 연수이다. 그런데 공문의 말미에 개인 컵을 꼭 가져와야 한다는 문구가 보였다.

초등학교는 앞으로 살아가는 데 필요한 기초적인 초등 보통 교육을 하는 곳이다. 당연히 환경 교육도 포함된다. 종이컵은 나무로 만들었다. 나무는 유한한 자원이기에 아껴 써야 한다. 지구에서 필요한 산소의 1/3을 생산하는 아마존의 밀림이 해마다 파괴되고 있다. 지구 온난화로 2,100년엔 세계 인구의 절반이 굶주리고, 대부분의 해안도시가 물에 잠길 수도 있다. 그때는 지구의 허파라 불리는 아마존의 밀림 85%가 사라질 것이다. 북극곰이 멸종 위기종이 되고, 미세 플라스틱에 오염된 물고기가 식탁에 오르면 결국 인간도 병든다. 그러니 작은 것부터 생활 속에서 실천하자고 끊임없이 가르친다.

그런데 현실은 어떠한가? 선생님은 출근길에 종이컵에 든 음료를 하나씩 들고 학교에 온다. 한국에서 떼돈을 벌어 가는 '별다방'의 월정액 쿠폰은 불티나게 팔린다. 참새 방앗간처럼 출근 도장을 찍는 직장인이 늘고 있다. 모두가 일회용품에 담긴 음료이다.

학교도 마찬가지다. 초등학교 4~6학년 중 한 번은 1박 2일이나 2박 3일간의 야영·수련활동을 가는 게 법제화되어 있다. 학생 일인당 4만원의 지원금도 나온다. 심신을 단련하고 호연지기를 기르는 데 목적이 있지만 과

거와는 달리 요즘은 도 교육청에서 운영하는 잘 가꾸어진 시설에서 해양이나 우주 체험 등의 짜여진 프로그램을 즐기다 올 때가 많다. 수련원에 따라 마술 게임, 혹은 암벽 오르기(클라이밍), 레크레이션, 호신술 배우기 등의 특색 있는 프로그램을 운영하기도 한다. 학교 급식소처럼 때 되면 영양가 있는 식단이 제공된다.

그런데 드물지만 아직도 예전처럼 운영하는 학교가 있다. 청결한 숙소, 알찬 프로그램을 마다하고 불편하고 힘이 들지만 학교 안에서 뒤뜰 야영을 하는 것이다. 아이들 잠자리부터 식사 준비까지 교사가 신경 쓰는 일이 한두 가지가 아니지만 그렇게 하는 것이 오랜 전통인 작은 학교에 근무할 때였다. 체육관도 없는 학교여서 빌린 텐트를 학교 운동장에 빙 둘러서 치고, 저녁은 인근 식당에서 배달했다. 문제는 아침이었다. 가스렌지, 냄비, 밥·국그릇, 접시, 수저 등 한 끼의 식사에 준비할 것이 너무 많았다. 몇 년 전에는 이 모두를 아이들이 준비해서 가져왔지만 법제화된 이후에는 학교에서 다 챙겨 준다. 모둠원들끼리 정한 메뉴의 재료를 야영 담당 선생님이 사전에 구입해 냉장고에 넣어 두면 이튿날 아침에 찾아서 조리한다.

그런데 재료가 가관이었다. 각 모둠에서 빠지지 않는 것이 햄, 게맛살, 3분 짜장과 카레 등의 가공식품이었다. 게다가 나무젓가락, 플라스틱 접시와 숟가락, 종이컵 등의 일회용품이 넘쳐났다. 심지어 아이들이 원해서 아침부터 라면을 준비한 모둠도 여러 곳이었다. 도덕이나 실과, 사회나 과학 시간에 배운 환경 교육은 교과서 안에 있는 지식일 뿐이다. 가르치고 배우는 학교에서 실천이 먼저 되어야 그것이 쌓이고 쌓여 내면화가 될 것이 아니던가. 바른 먹거리와 환경 교육을 할 수 있는 절호의 기회를 단지 아이들이 좋아하는 밥상이라는 이유로 날려 버린 야영은 쓰레기만 남긴 채 끝이 났다.

삶과 분리된 학교 교육은 낡은 방식이다. 단지 교과서 안의 지식을 가르치는 것만이 학교가 해야 할 일이라면 미래에 없어져야 할 곳 순위에서 앞자리를 차지할 것이다. 학교는 살아가는 데 필요한 지식은 물론 방법을 배우는 작은 사회이다. 친구를 사귀고, 다툼을 해결하고, 선후배나 또래와 사이좋게 지내고, 예의 바르게 행동하며, 감정을 다스리는 법 등을 관계를 맺으면서 보고 배우는 곳이다.

선생님들의 집합 연수에도 간단한 다과가 준비된다. 그럴 때마다 종이컵을 사용한다. 한 번의 강의가 끝나고 보면 쓰레기통이 그득하다. 그런데 이런 흐름이 조금씩 바뀌고 있다. 개인 컵을 가지고 오지 않으면 물 한 잔도 마실 수 없는 연수가 늘어 간다. 우리 학교만 해도 교무실에 종이컵이 없다. 회의를 할 때도 개인 컵을 가지고 와서 음료를 타서 마신다. '나 하나쯤이야'가 아니라 '나 하나만이라도'를 실천하는 사람이 늘어 가기를 바라 본다. 실천이 뒤따르지 않는 이론은 공염불일 뿐이다.

꿈이 있는 사람은 늙지 않는다

작년과 올해 목포대 평생교육원의 '일상의 글쓰기'에 등록해 공부하고 있다. 이번이 벌써 3학기째다. 현직 교원이 대상인 두어 번의 연수로 교수님의 강의 방식은 익히 알고 있다. 교수님이 내주시는 글감으로 일주일에 한 편씩 글을 써서 올리고 그 내용을 첨삭받는다. 어려운 한자어나 문어체를 습관적으로 쓰거나, 일본어나 영어의 번역투 말에 익숙해져서 쉽고 아름다운 우리말을 사용하지 않으면 여지없이 불호령이 떨어진다. 반복되는 표현이 많거나 앞뒤 문장의 호응이 맞지 않을 때도 마찬가지다. 성인, 특히 교실 안에서는 왕으로 살아온 교사들은 특히 이 순간을 견디기 힘들어한다.

'개인 블러그'나 '브런치'에 글을 쓰고, 그 글을 모아 책을 펴내기도 쉬워 누구라도 작가가 될 수 있는 시대다. 글쓰기의 전략을 가르치는 책도 넘쳐난다. 그런 책은 일단, 무조건 시작하라고 말한다. 하루아침에 몸의 근육이 생기지 않는 것처럼 글쓰기도 그렇단다. 미완성의 글이라도 매일 조금씩 꾸준히 써야 는단다. 교수님은 그러신다. "사람이 되려면 글을 써야 한다고. 글이 글을 부른다고." 그런데 문해력의 마지막 종착점인 글쓰기는 쉬운 게 아니다. 뛰어난 족적을 남긴 전문 작가들도 글쓰기의 어려움을 호소하는 판에 나 같은 아마추어는 말해 뭣 하랴. 글은 머리가 아니라 엉덩이로 쓴다는 기성 작가들의 말을 믿고 꾸준히 쓰는 수밖에. 다행히 좋은 스승을 만났으니 그 지름길을 조금 더 쉽게 찾을 수 있으리라.

어렵지만 이 좋은 걸 나만 배우기 아까워서 문해력 공부를 함께하는 동료에게 권했다. 혹시나 했는데 예상을 깨고 모두 그러마고 했다. 스무 명 남짓한 문우 중에서 무려 일곱 명이 한꺼번에 가입했다. 글쓰기를 향한 짝사랑이 오래되었기에 한 편의 글을 쓰는 게 얼마나 어려운지 잘 안다. 그런데 내 추천으로 가입한 동료의 글쓰기 내공이 생각보다 상당해서 놀랐다. 잘 안다고 여기던 지인이 달리 보였다. 글로 듣는 지인의 어린 시절이나 가족 이야기가 새로웠다. 아무리 오래 만나도 대화로는 결코 알 수 없었을 것이다. 그 사람의 내면을 들여다본 듯 더 친해진 기분이 들었다. 만나면 화제거리도 풍성해졌다. 40쪽이 넘는 회원들의 글을 일일이 읽고 왜 띄어 써야 하는지, 문법적으로 맞지 않는지를 명쾌하게 설명하는 교수님의 박식과 열정에 감동했다. 다들 현장에서 아이들에게 글쓰기를 지도해 봤기에 시간과 노력을 들여 그렇게 하기가 얼마나 어려운지 미루어 짐작할 수 있었다.

두 번째 학기에는 셋이 남았다. 글쓰기가 좋은 건 충분히 알겠으나 그 스트레스가 장난 아니란다. 주말에도 마음껏 쉬지 못하고 놀아도 마음이 편치 않다고 했다. 넷이 빠진 자리에 오래 같은 모임에서 활동했던 언니와 그 동료가 가입해 우리 팀은 다시 다섯이 되었다. 수업은 줌을 이용하여 비대면으로 진행된다. 각자가 쓴 글을 교수님이 첨삭한 후 일일이 복사하여 나눠 주던 대면 수업에 비해 훨씬 효과적이다. 종이도 시간도 절약되니 일석이조다. 코로나가 아니었더라면 전남 동부에 사는 내가 수업에 참여하는 건 불가능했을 것이다. 중세 유럽 인구의 1/3을 죽음으로 내몬 무서운 흑사병(페스트)에 비유되는 코로나의 유일한 선물이 아닐까 싶다.

교수님의 강의는 종종 삼천포로 빠진다. 특히 정치권 이야기를 할 때는 아슬아슬하다. 나이가 들어갈수록 내가 누리는 것을 지키려는 마음이 강하다. 생각은 보수화되고 행동은 조심스러워진다. 그런데 교수님은 거침이 없다. 앞서 세상을 산 사람의 지혜를 배운다. 카페에 올라온 진보 성향의 논객들이 쓴 글을 읽다 보면 시야가 넓어지는 것을 느낄 때가 많다. 글쓰기를 하면서 얻는 덤이 아닐 수 없다. 특히 수필은 결국은 그 사람이 보거나 듣거나 경험한 일에서 소재를 찾는다. 안목을 높이는 다양한 경험이 좋은 글을 쓰는 데 밑천이 된다.

3학기가 시작되었다. 첫날은 교수님의 강의로 세 시간을 채운다. 원격 수업은 대면 수업에 비해 집중 시간이 짧다. 원격 수업 20분이 대면 수업 한 시간과 맞먹는단다. 밤이 깊어갈수록 집중력은 떨어지고 눈은 침침하다. 최근 들어 안과에 다닐 정도로 부쩍 심해진 안구 건조증 때문이다. 화면 한쪽에 떠 있는 내 얼굴을 보는 것도 곤욕이다. 조명에 따라 퍼진 찐빵이나, 열 살쯤 더 들어 보이는 얼굴이 된다. 그런데도 차마 화면을 꺼 버리지 못하는 것은 역지사지의 마음 때문이다.

언젠가 비대면 줌 강의를 할 때였다. 수강생 스무 명 중 화면을 켠 사람은 단 한 사람뿐이었다. 세 시간의 강의가 끝나고 녹초가 되었다. 반응해 주는 사람이 없는 검은 화면을 보고 홀로 떠드는 고통이 상당했다. 왜 이 강의를 한다고 했을까 자책했다. 비록 온기 없는 인터넷 공간이지만 화면으로나마 서로를 바라보는 것의 중요성을 그때 깨달았다. 아니 오히려 만날 수 없는 가상의 공간이기에 그런 노력은 더 필요한지도 모른다.

글쓰기 반에는 가르치는 일을 업으로 삼은 나 같은 사람이 과반수가 넘는다. 알아야 잘 가르칠 수 있다. 자신의 부족함을 깨닫고 부지런히 배워 다시 아이들에게 되돌려 주는 사람들이니 박수받아 마땅하다. '교육의 질은 교사의 질을 넘어설 수 없다'는 건 늘 진리니까. 또 힘든 농사일 틈틈이 땅과 풀꽃과 하늘과 눈맞춤하여 아름다운 글을 쓰는 진짜 농부, 대식구 품어 안으며 그 많은 일을 어찌 해낼까 싶게 바쁘게 사는 생활인, 주말부부로 지내지만 글 곳곳에 가족을 사랑하는 마음이 짙게 배어 있는 가장도 있다. 직접 본 적은 없지만 일주일에 한 번씩 화면으로 만나는 그분들은 이웃처럼 반갑고 정겹다. 15회기, 45차시나 함께 공부했는데 거리에서 마주치면 인사조차 나눌 수 없는 사이로 남는다면 그처럼 안타까운 일이 어디 있으랴.

오래전부터 꿈을 꾸었다. 정년을 삼사 년 남겨 두고 그동안 쓴 글을 모아 수필집 한 권을 내는 일이다. 어쩌면 일상의 글쓰기 수업이 그 시간을 당겨줄지도 모르겠다. '글 스승인 교수님께도 글 한 편 써 주십사 부탁해야지. 그리고는 함께 공부한 글벗, 들판을 걷거나 허방에 빠져 허우적거릴 때 따뜻한 눈으로 지켜보고 지지를 보내 준 사람들을 모시고 출판 기념회를 여는 거야. 조촐하지만 의미 있게. 독자가 많지 않아도, 세상이 알아주지 않아도 뭐 어때. 열심히 살아온 내 인생에 부끄럽지 않으면, 그거면 된 거니까. 그러려고 풀벌레 소리 요란한 새벽 두 시에 이렇게 깨어 있는 거잖아.' 꿈이 있는 한 나는 언제나 청춘이다.

2부

손 큰 여자

손 큰 여자

5월이 시작되자마자 바빴다. 내 오랜 친구 연두가 보성에 있는 세컨 하우스로 여행을 왔기 때문이다. 블러그를 시작하고 만난 제 1호 친구가 연두이니 그새 7년이 지났다. 나는 다음, 그녀는 네이버여서 쉽게 만날 수 없는 사인데도 내 글에 다정하게 댓글을 단 그녀 덕에 친구가 되었다. 블러그를 운영하는 목적에는 여러 가지가 있겠으나 나는 그저 보성으로 발령 받아 그곳에서 있으려니 너무 심심해서 시작했다.

대부분의 교사가 통근하기에 선생님들이 퇴근하고 나면 관사에 살던 나는 무료하기 짝이 없었다. 부지런히 집에 가서 밥 해 줄 가족도, 늦게까지 남아서 할 학교 일도 없었다. 같이 운동하고, 함께 놀러 다닐 마음 맞는 딱 한 사람만 있기를 소망했으나 뜻대로 안 되었다. 밤이면 책 읽고, 음악 듣고, 다시 처녀 시절로 돌아간 듯 마음은 여유로웠으나 좀 심심했다. 혼자 놀기 좋은 인터넷에 방을 하나 만든 것이 바로 블러그였다. 또 간간이 학교 인근에 사는 노처녀 선생님과 마을 마실을 다녔는데 아름다운 풍광을 찍고, 기록하고 싶었던 것도 이유였다. 기록하지 않으면 흘러가 버리고 마는 이제 막 오십에 접어든 내 인생의 하루하루가 어떻게 펼쳐지나 기대가 되었다.

기록하리라 마음먹고 보는 풍경은 아무 생각 없이 보는 것과는 달랐다. '사람들은 뭘 해 먹고 사나, 들판은 나날이 어떻게 달라지나, 감자꽃은 언제 피고 언제 지는가, 쪽파는 어떻게 심는가, 시라시(바닷장어의 치어를 이르는 말)는 어떻게 잡는가, 개구리는 왜 밤마다 우는가' 등 보고 듣는 것 대부분이 신기했다. 겨울에도 얼지 않는 땅에서 연 4모작 농사를 짓는 부지런한 농부를 곁에서 지켜보는 재미도 있었다. 어느 날인가는 '마실 짝'과 자운영 꽃밭에서 오래 놀았다. 달 뜨는 보름날 밤에는 금빛 물결 반짝이는 명교리 해수욕장에 앉아 파도 소리 들으며 노래를 불렀다. 소낙비 내린 오후, 감자를 캐고 난 밭에 가서 빗물에 씻겨 모습을 드러낸 쓸 만한 감자를 주웠다. 또 어느 봄날이면 학교 뒷산에 올라 고사리와 취나물을 뜯는 일상을 기록했다.

친구를 늘려 가는 것에는 아무 관심이 없었다. 그런데도 시간이 조금 지나니 한 명 두 명 찾아오는 친구가 생겼다. 연두는 그 중 가장 먼저 생겨서 오래된 벗이다. 서로가 마음이 잘 통한다는 걸 금방 알아봤고, 몇 년 전에는 전화번호도 주고받는 사이로 발전했다. 나는 그 사이 그녀가 서울에 살고, 나와는 열 살 쯤 차이가 나고, 아들 하나를 키우고, 교사를 하다가 관두고 남편 따라 미국에 몇 년쯤 살다 왔다는 것 등을 알게 되었다. 아참, 시댁도 친정도 대구라는 것도.

교직에 머물렀다는 것 외에 공통분모가 하나도 없었지만 글로 보는 그녀는 낯설지가 않았다. 일상을 적는 나와는 달리 미술관 순례기가 글의 대부분을 차지하는 그녀는 들어 본 적도 없는 작은 미술관을 찾아가서 작품 하나하나를 사진 찍어서 올렸다. 한 편의 글에 기본적으로 약 100여 장의 사진이 들어갔다. 미술에 문외한인 나는 그녀의 그런 정성이 좋았다.

그녀는 코로나 시절에 거의 여행을 하지 못하고 집에만 있었다고 했다. 올해가 되자 그녀의 답답함은 극에 달했고, 남쪽으로 여행 온다는 말을 듣고 세컨 하우스 숙박을 권한 게 지난 1월 무렵이다. 대부분의 사람들이 인사치레로 '한 번 놀러 갈게요.' 말하지만 막상 닥쳐서 실제로 오는 사람은 거의 보지 못했다. 그런데 그녀는 5월의 첫날 진짜로 왔다. 휴가를 받은 남편과 전역 이후 대학교에 복학한 아들과 함께였다.

집 비밀번호를 가르쳐 주고, 밤이면 톡을 주고받았다. 하루는 보성 녹차밭과 제암산 더늠길을 갔다 왔고, 또 다른 날은 일림산 철쭉을 보고 왔다고 했다. 아들은 원격 수업으로 집에 머물고, 부부 둘만 다닌다고도 했다. 중간중간 맛집 알려 주는 것도 잊지 않았다. 세컨 하우스에 손님이 온

걸 안 남편이 해수탕 사우나를 권했다. 사우나는 설과 추석 무렵 회원권을 한꺼번에 끊으면 50%를 할인해 주는데, 그 할인권이 집에 많이 남아 있어서다. 혹시나 하고 권했는데 반색했다. 4박 5일 동안 잘 먹고, 잘 놀고 '소휴당(笑休堂)'이라는 이름처럼 '쉼과 웃음'이 있는 휴가를 보냈다고 인사를 보내고 떠났다.

소휴당을 정말 좋아해 1년이면 여러 번 다녀가는 내 친구는 어린이날에 서울에서 내려왔다. 그녀의 학교가 6일과 7일 재량 휴업일이라고 했다. 순천역에서 만나 보성으로 향했다. 서울 사는 블러그 친구 연두가 내려와서 나흘이나 묵고 방금 전에 갔다고 했더니 놀란다. 어떻게 한 번도 보지 않은 사람인데 뭘 믿고 집으로 들일 수가 있느냐, 연두의 얼굴이 궁금하지 않느냐는 등 질문도 많다. 수산물 회센터에 들러 요즘이 제철인 주꾸미와 바지락을 샀다. 내가 요리를 하는 동안 친구는 신발도 벗지 않은 채 바로 텃밭으로 가서 상추와 치커리, 흰 민들레 잎과 쑥갓을 솎아 왔다. 익숙한 손길이다. 씻어 놓으니 바구니 가득이다. 두 사람이 서너 끼를 먹고도 남을 만큼 많다.

걸게 한 상 차린 것을 사진 찍으려고 휴대폰을 집었는데 톡이 와 있었다. 내 친구가 그토록 궁금해 마지않는 연두가 여즉 소휴당 근처 찻집에 머물고 있다며 고맙다는 인사를 전해온 거다. 그러면 집에 와서 있는 반찬에 점심을 같이 먹는 게 어떠냐고 제안했다. 이제 막 데친 싱싱한 주꾸미, 참바지락으로 시원하게 국물을 낸 바지락국, 텃밭에서 뜯은 싱싱한 채소와 부안 곰소에서 사 온 갈치속젓까지 양도 종류도 많다. 갈치속젓 양념장은 비려서 대구 사람들은 먹지 않을지도 모르겠다는 친구의 걱정은 그야말로 기우였다. 가족 모두가 잘 먹었다. 한 끼 밥을 나누니 비로소 연두가 우리 집에 놀러 왔다는 것이 실감났다. 여행의 묘미는 이름난 관광지나 풍경이 아닌 '사람'에 있다는 걸 연두 가족이 느꼈다면 더 바랄 게 없겠다.

연두의 남편도 아내의 말을 신뢰는 하지만 남의 집에 가서 여러 날 숙박한다는 게 마음 편하지는 않았다고 했다. 내가 생활하는 공간을 온전히 남에게 내보여 주는 데는 위험 요소가 많다. 침구류는 물론, 부엌 살림까지 공유해야 하니 내 속을 다 드러내는 셈이다. 연두 남편이 진단한 내 모습은 이렇다. 손이 크고 털털한 성격. 집 여기저기에서 보인 모양이다. 너무 정확해 속으로 뜨끔했다.

혼자보다는 사람들과 시끌벅적하게 관계 맺으며 놀기를 좋아하는 나는 음식을 나눠 먹는 것도 꽤 즐긴다. 호박죽이나 오곡밥처럼 손이 많이 가는 음식은 특히나 더 그렇다. 명절이나 제사에도 구색 맞춰 이것저것 장만하고, 남으면 여기저기 나눈다. 최소한으로 한다고 준비하는데도 늘 그렇다. 부족하게 준비하면 대접에 소홀한 듯한 느낌이 든다. 다 먹지 못해 버리는 것도 부지기수다. 집기류나, 접시도 필요할 때마다 사기는 잘하지만 언젠가는 다시 쓸 거라는 생각으로 버리지를 못하니 살림이 갈수록 늘어 간다. 소휴당에도 가득하니 연두 남편 눈에 그리 보일 수밖에.

남편과 나, 두 식구 단출한 살림에도 솥의 크기나 양은 아이 셋이 복작거릴 때와 별로 달라지지 않았다. 거의 30년을 익숙하게 살았던 아파트를 떠나 곧 엘리베이터 없는 건물로 이사 갈 예정이다. 장을 봐서 나르는 일이 벌써부터 걱정된다. 결국 양을 줄이는 수밖에 없다는 결론에 도달한다. 이참에 '손 큰 여자' 타이틀도 버려야 할 모양이다.

상복보다는 인복

케이비에스(KBS) 연말 연예 대상 시상식을 보았다. 채널이 몇 개밖에 되지 않던 시절에는 올해의 가수왕이나 연기 대상 못지않게 이 상도 누가 받을지 기대와 관심을 모았다. 언론에서도 예상되는 후보를 점치며 분위기를 만들었다. 이제는 백여 개 이상의 채널에다 텔레비전이 아니고서도 정보를 얻는 길이 다양해지면서 예전만큼 눈길을 끌지 못하고 있다.

나는 자나 깨나 텔레비전을 켜 놓고 사는 이와 한집에 산다. 마누라 없이는 살아도 텔레비전 없으면 못 살 거라고 종종 놀린다. 그도 그럴 것이 남편은 잠잘 때도 손바닥 위에 리모컨을 올려 둔다. 내 수면에 방해 될새라 소리는 0으로 줄이고 자막에 의지해서 본다. 그러나 번쩍이는 빛까지는 어쩌지 못해 급기야 나는 안대를 쓰고 자기에 이르렀다. 온 집에 울리는 텔레비전 소리. 음악을 듣거나, 책을 읽는 데도 방해가 되었다. 결혼해서 한동안은 그게 참 스트레스였다. 어느 날 인생 선배인 동료 교사에게 자문을 구하니 내버려 두란다. 누구는 드라마로, 또 다른 이는 뉴스로 세상을 읽는 것처럼 남편은 멍하게 그걸 보는 것으로 스트레스를 푸는 중이라며.

그런 사람과 30여 년 살다 보니 나 역시 텔레비전을 자주 본다. 식사 중일 때는 물론이고 다 먹고 나서도 설거지는 뒷전이고 보던 프로그램을 이어서 본다. 뉴스와 스포츠, 거기다 예능을 즐겨 보는 남편과 달리 나는 드라마나 이비에스(EBS) 다큐멘터리를 좋아한다. 그런데도 내가 특별히 챙기는 프로그램이 아니고서는 거의 대부분의 채널권을 양보한다. 연예 대상도 그렇게 해서 보게 되었다. 2021년 대상은 코미디언 문세윤이었다.

시즌 4 '1박 2일'의 새 멤버로 그가 나와서 좀 의아했다. 출연한 프로그램을 본 적도 없었고, 토요일 주말을 책임질 정도로 인기 있는 예능에 나올 만한 인지도가 없다고 생각해서다. 그런데 보면 볼수록 매력이 있었다. 뚱뚱하지만 행동은 민첩했고, 게임을 하면서도 의리가 있고, 규칙을 지켰다. 적절한 곳에서 센스 넘치는 말과 행동으로 재미와 감동을 선물했다. 아무리 웃음을 추구하는 예능의 세계라지만 카메라의 안과 밖의 모습이 다르면 시청자는 금방 눈치챈다. 그는 한결같은 사람으로 보였다. 대상 수상자로 이름이 불리자 얼떨떨해했지만 나는 그라서 기뻤다.

그는 재작년에 처음으로 연말 시상식에 초대받아 와서 최우수상을 받았다. 다시 1년 만에 최고의 자리에 오른 것이다. 수상 소감도 인상적이었다. 주변에서는 상복 없다고 말했지만 스스로가 생각하기에 자신은 인복이 많은 사람이란다. 한계가 다가오고 힘들고 지칠 때마다 응원해 준 사람들 덕분에 지금까지 버틸 수 있었다며 대상 후보자였던 김숙에게도 고마움을 전했다. 후배의 수상을 울먹이면서 지켜보는 그녀를 보면서 나도 코끝이 빨개졌다.

어떻게 하면 예능에서 사랑받을 수 있는지를 선배인 신동엽에게 물으니 "너는 저평가된 우량주야. 걱정하지 마. 언젠가 사람들이 너의 가치를 알아줄 날이 올 거야."라면서 지금처럼 꾸준히 열심히 하라고 격려해 주었단다. 연예계처럼 부침이 심한 곳이 있으랴. 하루아침에 벼락 스타가 되어 반짝 인기를 누리다가 사라지기도 하고, 묵묵히 자신의 분야에서 무명의 시간을 참고 견디며 한 단계 한 단계 성장해서 빛을 보는 이도 있다. 문세윤은 후자 쪽이다. 2001년 개그맨으로 데뷔해서 마흔한 살에야 화려하게 날개를 펼친 그였기에 진심을 담은 그의 소감에 공감했다.

나도 상복보다는 인복이 많은 편이다. 힘들고 어려워서 정말 주저앉고 싶을 때마다 손 내밀어 주는 이가 있었다. 그때는 그런 줄도 몰랐는데 돌아보면 그 사람이 바로 귀인이었다. 그 중 한 명 덕에 상을 받은 적이 있다. '저축의 날 기념 국무총리상'이다. 다른 상도 아니고 저축의 날 표창이라 많이 쑥스러웠다. 이름에서 풍기는 것처럼 저축을 많이 한 사람에게 주는 상으로 오해해서다. 세 아이 키우고 교육하느라 들어온 돈 나가기 바쁠 때여서 저축은 남의 일이었다.

전교생 30명이 채 안 되는 작은 학교에서 교무를 맡을 때다. 점심을 먹고 있는데 앞자리에서 식사를 하던 김 교장이 며칠 전에 온 저축의 날 유공교원에 나를 추천하고 싶다며 공적 조서를 써 보라고 했다. 그 학교는 입학생 모두에게 장학금 십만 원씩을 현금이 아닌 개개인의 장학 적금 통장에 넣어서 주었다. 학교에서 이런저런 대회 끝에 주는 상장이나 표창장도 상의 규모나 등급에 맞게 모두 돈으로 환산하여 계좌 입금했다. 과제나 발표를 잘하고, 모둠 활동에 성실하게 참여한 아이도 마찬가지였다.

벽지 학교여서 통장을 만들 수 있는 은행은 학교 인근의 농협이 전부였다. 한번 만든 통장은 용돈이나 세뱃돈을 넣는 창구가 되어 일 년이 지나기도 전에 백만 원을 넘게 모은 아이도 생겼다. 대회를 추진하는 교사가 그때그때 형편대로 상품을 사 오던 방식에서 벗어나서 일관된 교육을 펼치니 아이들의 경제 교육과 행동에도 효과가 있었다. 소인수 학교인 데다 학교 전체가 하는 시책이라서 과연 상을 받을 수 있을까 반신반의했는데 뜻밖에 수상자로 선정되었다는 연락이 왔다.

저축의 날- 2016년 금융의 날로 명칭이 변경됨-은 1964년에 제정되어 매년 10월 마지막 주 화요일에 시상식이 열린다. 1988년 25%를 육박하던 우리나라 저축률은 1999년(15%)을 마지막으로 줄곧 한 자릿수에 머물렀다가 2020년에 11.9%가 되면서 21년 만에 두 자릿수를 기록했다. 연예인을 비롯하여 기관과 학교, 개인 등으로 수상자가 선정된다. 저축의 날이 되면 각은행에서 특판 상품을 쏟아내던 시절도 있었으나 낮아진 저축률만큼이나 행사도 축소되어 지금은 수상자 수도 100명 이내다.

그해 시상식은 서울 명동 회관에서 열렸다. 대형 원형 식탁에 이름표가 붙어 있었다. 접시의 크기에 비해 내용물은 병아리 눈물만큼씩 담긴 음식이 여러 번 나왔다. 남김없이 먹었지만 배가 하나도 부르지 않았다. 다행이라면 텔레비전에서나 보던 연예인을 한꺼번에 볼 수 있었던 거다. '1박 2일'에서 주말마다 만났던 이승기는 이웃집 동생을 본 듯 반갑고 친근했다. 바로 옆에 가서 어깨를 가볍게 두드리며 "나야, 나." 말하고 싶을 지경이었다. 프로그램에서 볼 때는 특별히 잘 생겼다는 생각은 못 했는데, 일반인 사이에 섞인 그는 군계일학이었다. 몸에 꼭 맞게 입은 검은색 정장이 어찌나 잘 어울리는지 절로 탄복이 나왔다.

개봉한 지 얼마 안 된 '내 사랑 내 곁에'의 여주인공 하지원은 바로 내 앞자리에 있었다. 생활 연기를 잘해 호감이 가는 손현주 씨도 볼 수 있었다. 게다가 당시 9시 뉴스를 진행하는 조수빈 아나운서와는 사진도 함께 찍었다. 특별히 좋아하는 연예인이 없었는데도 그들과 한공간에 있는 것이 상을 받는다는 사실보다 더 기분 좋았다. 내가 특별히 잘하지도, 취지에 맞게 저축을 많이 한 것도 아니라서 더 그랬다.

그로부터 10년이 더 지났다. 여전히 나는 모으기보다 쓰는 데 소질이 있다. 문세윤은 최고의 자리에서 그간 고마운 사람과의 일화를 이야기했다. 본디 한배를 탔으나 불미스러운 일로 지금은 하차한 동료의 이름을 언

급하는 의리도 보였다. 코로나 핑계로 만나지 못했던 김 교장님께 식사 대접이라도 해야겠다. 앞과 뒤가 한결같을 것. 바로 내가 되고 싶은 인간상이다.

아직 할머니 소리 듣기는 일러

또 갈 때가 되었다. 없는 집 제사 돌아오듯 왜 이리 금방인지. 미장원 가는 일 말이다. 염색 안 하고 살자니 우리 학교 꼬맹이들이 할머니라고 부를까 겁난다. 잦은 염색에 머릿결도 상하고, 눈도 점점 침침해지지만 그래도 아직 그 소리는 듣고 싶지 않다. 엘리베이터에서 만난 이웃집 꼬마가 할머니라고 불러 슬펐다는 지인의 이야기를 들은 적이 있다. 아이 눈이 가장 정확하다. 상대의 처지나 마음을 헤아리지 않고 있는 그대로, 순수하게 세상을 바라보기 때문이다.

현직에 있는 동안만은 염색을 하기로 마음먹었다. 그러자면 한 달에 한 번은 꼬박꼬박 미장원에 가야 할 판이다. 염색과 파마를 동시에 할 수는 없기에 교대로 하자면 어쩔 수가 없다. 단단한 손톱에 물이 들 정도의 독한 약을 두피에 그렇게 자주 발라 대서 좋을 건 아무 것도 없다.

새치 염색을 맨 처음으로 한 건 마흔한 살 1월 1일이었다. 우리 몸에서 노화가 가장 먼저 오는 건 시력이다. 그런데 내게는 눈보다 흰머리였다. 서른 중반쯤 나기 시작했는데 처음에는 재미있어서 아이들에게 용돈을 줘 가며 뽑았다. 새치는 하나 뽑으면 그 자리에서 두 개가 난다더니 마흔이 되니 급격히 늘어났다. 결국 더는 버틸 수 없었다. 노화는 자연스런 순리지만 자각하는 건 슬픈 일이었다. 오래오래 이날을 기억하고자 일부러 1월 첫날에 미장원을 찾았다. 색깔에 조금씩 변화를 줄 뿐 지금껏 거의 한 달에 한 번꼴로 염색하고 있다. 미장원에 가면 기본이 두 시간이다. 기다리기가 지루해서 집에서 한 적도 많다. 빨리 마칠 수 있는 대신에 고르게 발라지지 않아 또 맘에 안 든다.

한 번 정해 놓으면 식당도, 마트도 그곳만 즐겨 가는 평소의 내 성향과는 달리 미장원은 단골이 없었다. 조금 큰 데는 미용사(헤어 디자이너)가 여러 명이다 보니 갈 때마다 손질해 주는 사람이 달랐다. 평소에 말도 섞고 마음에 들게 해 주던 분이 하필 쉬는 날이면 낭패다. 그러다가 최근 몇 년은 한곳만 다녔다. 직장 동료의 단골집이라 추천해 준 곳인데 마음에 들었다. 전화로 예약하면 기다리지 않아도 되었고, 무엇보다 말수가 적은 주인이라서 좋았다. 몇 번의 경험으로 손님의 취향을 파악했는지 앉아 있으면 알아서 해 주는 것도 장점이었다.

어쩌다 보니 이번에는 한 달을 넘기고야 말았다. 당분간은 시간 내기 어려워서 주말 주택을 가지 않는 이번에, 꼭 머리를 손질하고 싶었다. 그동안 다니던 미용실에 전화해 봤지만 휴무일이었다. 그도 그럴 것이 그날은 일요일이었다. 새로 이사 온 집 주변을 한 바퀴 돌아보았다. 한 집 건너 미용실, 한 집 건너 교회라더니 몇 걸음 걷지 않고도 찾을 수 있었다. 문제는 다 문을 닫았다는 거다.

그러다가 딱 한 군데 발견했다. 목욕탕 건물 1층에 있고, 꽤 넓은데도 주인이 혼자서 지키고 있었다. 미장원 갈 때면 손에 들기에 적당한 - 무겁지도 않고, 내용도 가벼운 소설류 위주- 책을 챙겨 가기에 이번에도 책이나 읽으려고 했다. 그런데 처음 보는 얼굴이어선지 자꾸 말을 시킨다. 어디 사느냐, 무슨 일을 하느냐? 다행이라면 학교 울타리에 사는 건 못 맞힌 거다. 이마에 써두고 다니는지 '학교 계시지요?' 이렇게 묻는 사람이 많았다. 직장인이라는 것만 밝히고 근방에 산다고 했더니 이번엔 자기 이야기다. 나보다 두 살이 적은데도 벌써 아들 둘을 결혼시켜 손자도 있단다. 그 아들이 무슨 일을 하는지, 직업을 갖고 살 수 있게 밑 작업을 어떻게 했는지 줄줄이 사탕이다.

그게 그렇게 밉지 않았던 건 얼굴에서 풍기는 이미지 때문이다. 해마다 아이를 만나고 그들과 하루를 복닥거리며 산 세월이 30년이 넘다 보니 '반풍수'는 되었다. 그녀에게서는 선한 느낌을 받았다. 20대에 이 동네에 자리잡아 벌써 29년째 일하고 있단다. 건물도 여러 채라 월세만도 천만 원이 넘고 아들의 일터도 다 본인이 일궈 줬다고 자랑한다. 보조 미용사가 있었는데 코로나로 손님이 줄어서 내보냈다는 말도 한다. 처음 보는 내가 맘에 들었을까. 뭘 믿고 살아온 이력을 이렇게 풀어내는 걸까. 나 아닌 다른 사람에게도 그러는 걸까.

머리카락을 자르고, 롯지로 감고, 중화제를 바르는 틈틈이 쉬지 않고 이야기를 했는데도 다듬어 놓은 머리는 꽤 마음에 들었다. 머리카락이 뻣뻣하여 영양분을 줘야 한다느니, 에센스를 발라야 머리카락이 덜 상한다느니, 코팅을 추가로 해 보라는 등의 그럴듯한 말도 없다. 시키는 대로 다 하고 나면 한 번에 기십만 원이 훌쩍 넘어가는 여타의 미용실에 비해 가격도 착하다. 오래된 습관이라 특별한 일이 없으면 휴일에도 문을 연단다. 몇 번 다녔더니 들어서면 반갑게 맞아 준다. 집에서도 가깝고, 실력도 좋으니 당분간은 단골로 삼아도 될 듯하다.

누구나 감추고 싶은 약점이 있다. 내게는 흰머리가 그렇다. 쭈뼛거리는 머리카락이 가르마 사이로 하얗게 올라오면 만나는 이들이 내 머리만 쳐다보는 것 같다. 자존감도 급격히 떨어진다. 거기다 나를 내려다보는 사람이 많아서 여간 신경 쓰이는 게 아니다. 살아 있으니 흰머리도 올라오는 것이라고 마음을 다져 보지만 별 위안은 되지 않는다. 그럴 때는 미장원으로 달려간다. 할머니 소리 듣지 않으려면 서두는 게 정답이다. 이제 단골 가게도 생겼으니 시간 낼 일만 남았다.

자유를 누릴 자격

출근해 사무실에 들어서니 1학년 담임이 따라온다. 뜨끈뜨끈한 백설기를 내민다. 오늘이 딸의 백일이란다. 그가 초등학교 6학년 때 나는 옆 반 담임이었다. 제자인 것을 먼저 알아보고 그의 담임 소식을 공유한 사람도 나다. 얼굴 변화가 적은 담임의 얼굴을 제자가 알아보는 게 일반적이다. 그런데 이 선생님, 6학년 담임 이름도 기억하지 못했다. 특별히 생각나는 일을 물었더니 아침 자습 시간에 학급 아이들이 한 명씩 모델이 되어 교탁 위에서 포즈를 취하면 남은 친구들이 그 모습을 그리는 데생 시간이 기억난단다. 미대를 나와 교단에 선 옆 반 담임이 학급 경영에서 활용한 독특한 교수법이다.

6학년은 가르치는 일 외에도 중학교 배정 원서, 수학여행, 앨범, 졸업식 등의 행정 업무가 많다. 절차를 갖춰 학교운영위원회 심의도 받고, 행사도 주도적으로 진행해야 하기에 여러모로 신경 쓰이는 학년이다. 그런데도 담임을 선호하는 이유는 제자를 기르는 즐거움이 있어서다. 적어도 여섯 명 이상이나 되는 초등학교 담임 중 마지막 학년이라 기억해 주는 이도 많고 간간이 동창회나 동문회에 초대받기도 한다. 또 젊은 선생님은 아이들과 나이 차가 얼마 안 나서 이야기가 잘 통하는 점도 매력이다.

기억하지 못하는 게 좀 뜻밖이긴 했지만 직접 가르친 제자와 교단에서 만나는 행운이 한 번도 없었던 내게는 이 작은 인연조차 반가웠다. 아무래도 조금 더 마음이 가고 업무에 서툴러도 너그럽게 가르쳐 주고 싶었다. 내가 옆 반 선생님인 걸 안 그도 예전보다 더 살갑게 인사했다. 인연이 두 번이나 겹치니 따스한 정이 흘렀다.

그는 작년에 결혼하여 아내가 임신하자 수시로 조퇴했다. 입덧이 심해 점심을 차려 주려고, 조산 가능성이 있어 산부인과 정기 검진에 동행한다는 이유였다. 아이가 태어나면 아빠에게 주어지는 2주간의 출산 휴가도 야무지게 찾아 먹었다. 조퇴는 학급 아이들의 수업이 끝난 이후라 다행이었지만 출산 휴가는 그렇지 않았다. 청에서 파견된 보결 강사가 왔으나 학기 중에 1학년 담임이 2주일이나 자리를 비운다는 건 대단한 일이 아닐 수 없다. 법에 보장된 권리를 누리는 게 당연하다고 느끼면서도 한 번도 그런 세상을 살아 본 적 없어서 부럽기도 했다.

그럴 때면 어쩔 수 없이 나는 '라떼족'이 되고 만다. 조퇴하는 게 내키지 않아 산부인과 정기 검진도 오후 7시까지 문 여는 동네 의원에 다녔고 세 아이 모두 그곳에서 출산했다. 학급 아이들 수업을 마치고 조퇴하면 종합병원 마감 시간에 맞출 수 없어서다. 한번은 새벽에 진통이 와서 아이를 낳고 일주일이 지나 정기 검진을 가니 담당 의사가 그랬다. "어, 언제 출산하신 거예요?" 새벽에 아이 낳는 걸 도와준 사람은 간호사였다. 어찌 그리 미련했는지 지금 생각하면 한심하기 그지없지만 그때는 또 그게 최선이라 여겼다.

남편은 늘 나보다 먼저 나가 늦게 들어오는 사람이었다. 술떡이 되어 퇴근하는 날이 많으니 밤중에 아이가 울어도 깰 줄 몰랐다. 회식도 일의 연장이었다. 남들에게 피해 주는 건 엄청나게 싫어해서 셋째 아이가 네 살 되기 전까지는 외식을 하지 않았다. 아이들의 대통령 '뽀로로'가 있었더라면, 어린아이들과 함께 가면 보조 의자를 챙겨 주는 사회 공감대가 형성되었더라면 훨씬 나았을 것이다. 지금처럼 전화만 하면 별걸 다 배달해 주는 문화도 아니었다. 장을 봐서 저녁을 준비해 먹이고, 씻기고, 재우는 모든 일이 내 몫이었다.

항상 수면 부족에 시달렸다. 진한 커피를 마시지 않고서는 오후 수업을 이어 가기 힘들었다. 방해받지 않고 푹 자 보는 게 소원이었다. 밤낮이 바뀐 둘째는 밤새 울었고 걸핏하면 열이 펄펄 끓었다. 어쩌다 부부싸움을 하게 되면 남편은 긴 이야기를 들으려고 하지 않았다. 언성이 높아지다가

"그래, 너 잘났다." 소리 지르고 나가면 그만이었다. 고주망태가 되어 밤늦게 돌아왔다.

나도 나가고 싶었다. 친구라도 만나 하소연이라도 하고 싶었다. 그런데 그럴 수가 없었다. 내게는 돌봐야 할 아이가 있었다. 술 마시고 온 남자에게 말해 봤자 해결책은 나오지 않고 감정만 상하게 된다는 걸 경험으로 알았다. 화가 머리 끝까지 났지만 피곤을 이기지 못해 잠이 들었다. 아침이 되면 서둘러 아이를 맡기고, 각자의 일터에서 바쁘게 일했다. 저녁에야 남편 얼굴을 볼 수 있었다. 어제의 감정을 이어 가기도 마땅치 않아 유야무야 넘어가는 일이 많았다. 나는 감정의 배수구가 없었다. 남들처럼 술이라도 한잔 할 수 있었더라면 좀 나았을까. 직장 다니랴, 독박 육아하랴 어떻게 그 세월을 살았는지 모르겠다.

승진은 나와는 하등 상관없는 일이었다. 남들처럼 제대로 돌봐 주지 못해 엉터리로 키웠으나 아이들은 다 자기 둥지를 만들어 떠났고, 나는 운 좋게 승진했다. 50대를 지나면서 몸 여기저기가 조금씩 고장 나지만 그래도 지금이 편안하고 참 좋다. 그리고 나는 이 모든 자유를 누릴 자격이 충분하다.

여자들이 선호하는 직업이다 보니 교육대학 들어갈 때부터 남자와 여자의 합격선이 달랐다. 졸업식에서 상을 받는 이도 여학생이 압도적으로 많았다. 승진도 당연히 그럴 줄 알았다. 그런데 아니었다. 전남 초등 교단에서 남녀 관리자 비율이 엇비슷해진 건 채 10년이 되지 않는다. 2013년 교감 연수 받을 때 백 명의 연수생 중 딱 절반이 여자였다. 이후 여자의 비중이 점차 늘어났다. 여선생에게 절대적으로 불리했던 승진 규정이 바뀐 것도 힘을 실어 주었고, 사회 분위기도 한몫했다.

내가 입학하던 당시 남녀의 비율이 3대 7이었는데 그동안 승진은 남자가 독식한 것이다. 높은 점수로 대학에 들어와서 뭐든지 열심히 하던 여학생들은 다 어디 갔을까. 그녀들이 남교사에 비해 열정이 낮거나 아이들에게 소홀해서 그런 건 절대 아닐 것이다. 많은 여교사가 일과 육아 두 가지를 병행하기 버거워서 포기한 건 아니었을까. 아니 승진을 꿈 꿀 시간도 없었을 것이다. 나처럼.

강경화 전 외교부장관이 국제노동기구(ILO) 사무총장에 도전한다는 기사를 보았다. 옆에서 도와주는 사람이 있었겠지만 세 아이를 키우는 엄마로서 사회적으로 성공하기까지는 어려움도 많았을 것이다. 그녀는 일하는 여성의 본보기상(롤 모델)이었다. 유창한 영어로 국제 무대에서 연설하는 은발 머리의 그녀는 그 자체로 빛이 났다. 그녀의 아름다운 도전에 박수를 보낸다.

주(酒)님 예찬

나는 술을 잘 마시지 못한다. 속 모르는 사람들은 술도 음식이라 자꾸 먹으면 는다고 말한다. 처음 본 이와도 스스럼없이 말을 섞고, 사람들과 어울려 놀기 좋아하기에 내 겉모습만 보고는 '말술'을 마시게 생겼다고 한다. 여행 가는 사람들의 술 실력과 분위기에 따라 소주나 포도주를 챙기기도 하고, 밥 먹는 자리에서 "이 안주면 술이 있어야 하지 않남?" 하면서 술을 주문하는 사람도 나지만 술 실력은 형편없다. '양을 사양하되 잔을 사양하지는 않는 미덕(?)'으로 주는 술을 받기는 잘하지만 한 잔도 제대로 마시지는 못한다. 서너 시간 이어지는 긴 술자리에서 기껏 김빠진 맥주 한 잔을 마실 수 있으니 주량이라고 내밀기도 부끄럽다. 하여 나는 술 잘 마시는 멋진 여자가 참으로 부럽다.

아버지는 술을 좋아하셨다. 다른 사람들보다 체구가 작아 똑같이 마셔도 쉽게 취했다. 한잔해서 기분이 좋아지면 골목 입구 들어서면서부터 노래를 불렀다. 술이 들어가지 않으면 남들 앞에서 큰 소리 한 번 안 낼 정도로 순하셨으나, 드시기만 하면 남의 눈치 전혀 안 보는 용감한 사나이가 되셨다. 좁은 골목을 사이에 두고 읍내 한복판에 살았기에 아버지가 취한 날은 온 동네가 다 알았다. 노래는 집 마당까지 이어져서 당신이 만족할 때까지 불러재꼈다. 그러고도 술이 덜 깨면 숨죽여 눈치만 보던 우리 남매와 하루 종일 노동으로 고단한 엄마에게 시비를 걸었다. '말이 비수보다 더 무서운 흉기가 된다'는 것을 그때 뼈저리게 느꼈다. 술 곁에도 가고 싶지 않았다.

그런데 지금 나는 1년에 360일 이상 술을 마시는 남자랑 산다. 상처를 넘어 증오에까지 이른 술을 달리 보게 된 것은 대학 1학년 때였다. 나는 학보사 수습 기자여서 선배들 10여 명, 지도교수님과 함께 여름 방학을 맞아 단합대회를 가게 되었다. 졸업한 선배가 발령받아 있는 완도의 작은 섬 학교 교실에서 2박 3일간의 일정이었다. 당시는 서슬 퍼런 80년대 중반 군부정권이어서, 불법서적을 갖고 있는 것만으로도 한 달 정학이 쉽게 내려지던 시절이었다. 술잔을 부딪치고 다양한 건배사를 하면서 토론은 밤새 이어졌고 선배들의 얼굴도 불콰해졌으나 어느 한 사람 주정을 부리는 사람은 없었다. 논리는 정연했고, 말투도 흐트러짐이 없었다. 술을 마시면 취하고, 취하면 주사를 부리는 줄만 알았는데 그러지 않는 사람도 있다는 걸 발견한 건 놀라운 경험이었다. 세상을 우물 안 개구리의 잣대로 봤다는 것도 그때야 알았다. 술 마시는 남자랑은 절대 결혼하지 말아야겠다는 신념도 깨졌다.

아버지는 술을 좋아하고, "양씨치고 술 못 마시는 사람 못 봤어."라고 호기롭게 외쳐대는 사촌 오빠들을 보면서 자랐기에 나도 술을 잘 마실 줄 알았다. 실력이 드러난 건 대학 1학년 때였다. 대인시장 한 귀퉁이에 있는 막걸리 집에 신문사 선배들과 앉았는데 한 학년 위의 언니가 소주 두 잔을 마시고는 펑펑 우는 것이었다. 언니의 아버지는 서울에서 딴살림을 차려 함께 살지 않는다고 했다. 아버지의 사랑을 받지 못하고 사는 엄마와 자신의 설움을 쏟아 내면서 언니는 꽤 오래 울었다. 그녀를 다른 선배들이 따뜻하게 위로해 주었다.

나 역시 쌓인 설움이 많았다. 아버지의 반대를 무릅쓰고 연고가 전혀 없는 낯선 도시로 대학을 왔기에 외로웠다. 내가 이러려고 대학을 왔던가 후회도 하면서 한바탕 속 시원히 울고 싶을 때가 있었다. 여고 동창이자, 함께 자취하는 친구는 장로인 아버지 밑에서 자랐기에 입학하자마자 씨씨씨(CCC) 동아리에 들어갔다. 키 크고 이쁜 신입생 후배를 아낌없이 챙기는 선배들 덕에 그 친구는 하루가 멀다 하고 미팅에 불려 나갔다. 아직 친구를 만들지 못한 나는 저녁밥 해 놓고 친구를 기다리는 신세가 되었다. 캠퍼스의 초여름은 저리 싱그러운데 낙동강 오리알처럼 서러웠다.

백림약국 맞은편 막걸리 집에서 신문사 바로 직속 선배랑 1학년 수습기자 몇 명이 모였다. 소주 두 잔만 마시면 그 선배처럼 울 수 있으리라는 생각으로 호기롭게 두 잔을 단번에 마셨다. 술자리가 끝나고 자취방까지 걸어오는데 아무런 이상이 느껴지지 않았다. 얼굴만 붉어졌을 뿐, 정신은 또렷했고 걸음걸이도 양호했다. 역시 나는 우리 아버지 딸이 맞아. 술 잘 먹는 아버지의 유전자가 몸속에 흐르는구나.

안심은 일렀다. 밤새 잠들지 못하고 네 발로 사방을 기었다. 그 밤이 얼마나 고통스러웠던지 나는 지금도 두 잔은 고사하고 단 한 잔의 소주도 마셔본 적이 없다. 확실하게 깨달았다. 나는 술 체질이 아니구나. 온몸이 거부했다. 맥주 한 잔에도 얼굴이 붉어지는 것은 물론 맥박이 빠르게 뛰었다. 잔기침이 나면서 공기가 부족한 듯 거칠게 숨을 쉬어야 했다. 머리를 가누기가 힘들어 노래방 의자에 길게 누워서 한숨 자고 일어나야 했다. 분위기를 띄우려고 마신 술이었는데 깨어나면 이미 파장이다. 그걸 알게 된 동료들이 더 이상은 술을 권하지 않았다. 결혼 초기 술 좋아하는 남편이 소주 한 병을 터서 마실 때 딱 한 잔만 같이 마셔 주는 것을 소원으로 삼고 여러 번 술사부가 되기를 자청했으나 끝내 포기했다. 말술 마시는 시댁 식구들 모임에서도 나는 잔조차 주지 않는 사람이 되었다.

2015년 중동호흡기증후군(MERS, 메르스)이 유행할 때다. 여름 방학을 앞두고 교직원들이 전부 참여하는 학기말 워크숍을 학교에서 10분 정도 걸리는 장흥 수문 리조트로 갔다. 저녁 식사와 한 학기 동안의 교육과정 반성과 재구성도 마치고 노래방을 가게 되었다. 그런데 불행히도 리조트 주변에는 노래방이 없어서 다시 학교 근처로 와야 했다. 자정 넘어서까지 신나게 놀고 택시를 부르니 아뿔싸, 그 시간에는 택시도 대리 기사도 없었다. 결국 유일하게 술을 마시지 않은 내가 전 직원을 네 번에 걸쳐서 실어 날랐다. 가만히나 있으면 중이나 갈 것인데, 기분 좋게 취한 직원 한 명이 그래서 어떻게 교장 나갈 거냐고 놀렸다. 안 그래도 부글부글 끓는 데 기름을 부었다.

세대 차이나는 젊은 교사들과 어울리려면 기분 좋게 마시는 술자리가 최고일 텐데 그런 재주가 내게는 없다. 술의 힘을 빌어 용감해지는 사람들이 부럽다. 속 이야기도 하고, 서로의 치부도 적당히 보여 주고, 그러다가 깨어나면 어제보다 더 친해진 '공범'들끼리 눈도 찡끗하고 싶다. 한 이야기 또 하고 또 하는 그런 인간적인 사람도 되어 보고 싶고, 술 마신 다음 날 속풀이 해장국도 먹어 보고 싶다. 다른 사람을 괴롭히지 않는 선에서의 음주는 담배처럼 기호 식품이 아니던가.

나는 술 잘 마시는 여자가 부럽다. 맛있다는 단계는 바라지도 않는다. 그저 분위기 맞춰 줄 정도의 실력이면 좋겠다. 소주 한 병쯤은 즐겁게 마시고 적당히 붕 뜬 기분에 취해 세상을 눈 아래로 보고도 싶다. 소맥으로 가볍게 입가심하고 다시 소주 한 병을 자작으로, 그것도 저녁마다 마시는 남편과 함께 산 지 30년이 되었다. 주제 파악은 정확하게 했으면서도 지금도 나는 도전을 멈추지 않는다. 소주잔에 따른 눈꼽만치의 맥주일망정 힘차게 소리친다. "한 잔 따라 보시오."

화양연화

여고 시절, 운동 신경이 없던 나는 체육시간이 두려웠다. 활발하고 친구들과 어울리기 좋아하고 리더십이 있다는 칭찬도 자주 받았으나 그 시간만 되면 늘 주눅이 들었다. 시험을 앞두고는 체육 이론 공부를 사회나 과학 시험만큼이나 열심히 했다. 친구들은 학력고사 과목도 아닌 체육 공부를 왜 그렇게 하느냐고 물었다. 그때마다 내 대답은 한결같았다. 실기에서 까먹은 점수를 만회하려면 이론을 거의 만점을 맞아야 '수'를 받을 수 있다고. 이론 30%, 실기 70%로 이루어지는 체육 시험에서 실기를 만점 맞는 건 해가 서쪽에서 뜨는 일만큼이나 어려웠기에 자연히 이론에 목맬 수밖에 없었다.

줄넘기 2단 연속으로 10번 뛰기가 시험이었던 적이 있었다. 꽤 열심히 연습했지만 한 번은 넘는데 두 번의 문턱을 넘지 못했다. 다른 친구들은 연습한 만큼 잘도 느는데 나는 그러지 못했다. 시험 날짜는 어김없이 다가왔고, 떨리는 마음으로 보는데 기적이 일어났다. 지금껏 한 번도 성공하지 못했던 마의 2번을 넘어 만점인 10번 뛰기도 단번에 성공한 것이다. 팔짝팔짝 뛰며 만세를 부르니 친구들도 박수 쳐 주었고, 지켜보던 선생님도 웃으셨다. 그때의 기쁨이 얼마나 컸던지 지금도 생생히 기억난다.

학교는 매주 수요일이면 '건강의 날'이라고 하여 배구를 한다. 다른 경기도 많은데 그런 법이라도 있는 것처럼 거의 대부분의 학교가 그렇다. 간간이 배구 못하는 사람을 생각해 선심 쓰듯이 '윷놀이'나 야구를 변형한 '티볼', 혹은 누구라도 쉽게 할 수 있는 '패드민턴' 을 할 때도 있으나 대다수는 배구다. 한 팀에 9명씩 여러 명이 한꺼번에 경기를 할 수 있는 장점이 있는 반면, 쉽게 늘지도 않고 배우기도 어려운 운동이기도 하다. 배구를 즐기는 사람치고 손가락이 반듯한 사람이 드물다. 새끼손가락이 골절 되고, 치료 후에도 제대로 붙지 않아 구부러져 있는 경우도 흔하다. 여자들도 발꿈치나 무릎의 십자 인대가 파열되어 몇 달씩 깁스를 하고 다닌다.

그런데도 배구의 마력에 한 번 빠지면 여간해선 벗어나기 힘들다. 감기로 골골거리다가도 배구장에만 세워 놓으면 언제 그랬냐는 듯이 펄펄 날아다니는 사람이 내 주변에도 꽤 있다. 못하는 사람은 점수판이라도 넘기고, 그도 아니면 응원이라도 해야 환영받는다. 학교를 옮기고 인사를 가면 배구 잘 하는지를 묻는 관리자도 있었고, 잘하는 선생님은 어느 학교를 가도 기본 점수를 먹고 들어갔다. 그런 관리자를 만나면 일이 밀려 제 시간에 배구장에 나오지 않는 것만으로도 미움을 받는다.

그러니 초임 시절부터 배구장 한 귀퉁이에 설 수밖에 없었다. 네트 바로 아래에 전봇대처럼 서서 어쩌다가 공이 한 번씩 오면 피하기 바빴다. 말로는 초임이니 그럴 수 있다고 하지만 알게 모르게 눈총 받으며 서브도 넣지 못하는 구멍 역할로 1년을 보냈다. 두 번째 옮긴 학교에서는 체육관도 없었고, 2부제 수업을 할 정도로 큰 학교여서 굳이 배구장에 서지 않아도 뭐라고 나무라는 사람이 없었다. 세 번째 옮긴 학교에서 드디어 배구를 배울 기회가 생겼다. 우리 학년은 8반까지 있었는데 남자 선생님 넷, 여자 선생님 넷으로 비율도 좋았다. 나도 교직에 들어온 지 5년이 넘어서 어느 정도 교직 문화에 익숙해졌고, 가르치는 일에도 재미를 붙여 씩씩하게 학교생활을 해 나갔다. 전교생이 1,500명이나 되는 큰 학교였는데 이전의 학교보다 활기찼고 학교 분위기도 좋았으며 동료 선생님에게 배울 점도 많았다.

동학년 선생님 여덟 명이 퇴근 후에 강당에 모여 배구를 했다. 물론 나는 그때까지도 서브조차 못 넣었고 나머지 여선생님들도 나와 별반 다르지 않았다. 남자 둘, 여자 둘이 한 팀이 되어 4대 4로 배구했다. 배구장의 규격을 줄였기에 센 공은 오지 않았다. 심지어는 땅바닥을 튀긴 후 올라온 공을 살려도 여자이면 실점으로 잡지 않았다. "하하호호!" 좁은 네트 안에서 웃음이 끊이지 않았다. 땀 흘린 후에는 잔디밭에 모여 진 팀이 내는 맥주에 통닭과 족발을 먹었다. 시원한 술 한 잔이 그토록 맛있다는 걸 그때 처음 알았다.

배구의 맛을 제대로 알게 된 것은 그로부터 세월이 조금 더 지나서였다. 섬 근무 3년을 마치고 희망지와는 다르게 느닷없이 모교로 발령받게 되었다. 내가 다닐 때와 거의 변화가 없던 교정에는 그때까지도 다른 학교에는 다 있는 체육관이 없었다. 섬에서도 배구장이 없어서 마당 배구를 했기에 새로 옮긴 학교에는 다른 건 다 두고라도 체육관만은 있기를 바랐건만 뜻대로 되지 않았다. 대신 내가 학교 다닐 때 근무하신 은사님이 교무를 맡고 있었다. 내 기억 속의 그 선생님은 가르치는 본업보다 배구 가르치는 취미 활동에 더 열정을 보이는 분이셨다.

햇볕이 쨍쨍 쬐거나, 바람이 불어도 그분의 명령이 떨어지면 무조건 운동장 한 귀퉁이에 있는 배구장으로 모여야 했다. 다행히도 그 선생님의 장단에 맞추어 배구를 즐기는 남자 선생님들이 많아서 다소 강압적인 그런 시간조차 다들 즐거워했다. 한 번 가고 두 번 가다 보니 나도 배구의 재미를 알게 되었고, 여자팀 '코치'를 맡은 은사님은 나를 비롯하여 배구 초보자들을 본격적으로 가르치기 시작했다. "공이 날아오는 방향으로 재빠르게 이동하여 자세를 잡고 무릎의 반동을 이용해 공을 받아라. 엉덩이를 뒤로 빼지 말고 무릎을 굽혀서 자세를 낮춰라. 공을 받을 때는 내 양 손위에 아기가 놓여 있는 것처럼 부드럽게 받아 올려라. 옆으로 서서 양발을 벌리고 선 후 허리가 돌아가는 힘으로 서브를 넣어야 공이 세게 들어간다." 스파르타식 훈련이 어느 정도 끝나면 여자들끼리 팀을 나눠 경기했다. 배구장에서는 웃을 일이 많았다. 일부러 연출하지 않아도 저절로 그리 되었다. 배꼽 빠지게 웃기는 상황이 여러 번 펼쳐졌다. 웃다 보니 그 시간을 즐기게 되었고, 투자한 시간에 비례해 실력도 조금씩 나아졌다.

배구 맛을 본격적으로 들인 우리는 마당 배구로 만족할 수 없었다. 날씨 영향을 많이 받는 마당 배구는 변수가 너무 많았다. 뜻 맞는 몇 사람과 인근 학교 체육관을 빌려 월요일 저녁마다 모였다. 퇴근 후 체육복으로 갈아입고 바로 배구장으로 가 간단히 몸을 풀고 있으면 총무를 맡은 한 선생님이 김밥을 사 왔다. 가볍게 저녁을 먹고는 편을 나눠 21점 경기로 적게는 6세트, 많을 때는 9세트까지 뛰었다. 그러고 나면 다리가 후들거렸다. 배구하려면 보약 먹어야겠다는 우스갯소리가 절로 나왔다. 정해진 위치도 없었다. 나같이 키 작은 사람도 때로는 공격수 자리에 서야 했다. 첫해에는 뒤에 서서 수비만 했는데 세월이 흐르는 동안 전위, 중위, 양 날개 자리에도 자유자재로 서게 되었다.

5월 스승의 날이 되면 어느 시군이건 '교직자 배구 대회'가 열린다. 교육지원청 주관으로 사전에 각 학교의 신청을 받은 후 감독들끼리 모인 회의에서 제비뽑기로 팀을 나눴다. 큰 학교는 단일팀으로, 작은 학교는 비슷한 규모의 학교와 연합팀을 꾸렸다. 배구 대회를 앞두고는 수업이 끝나면 다른 학교로 원정가기도 하고, 우리 학교로 오는 팀을 맞기도 하면서 연습 경기를 했다. 30년이 넘는 교직 생활 중 우리 학교가 우승한 적이 두 번 있었다. 그렇다고 해서 특별한 혜택이 주어지는 건 아니다. 30만원의 상금과 우승 트로피 하나. 그동안의 수고와 연습에 비하면 한 끼 식사비도 안 되는 수준이나 액수가 중요한 게 아니었다. 토요일 오전 9시부터 열린 경기가 우승전을 마치고 기념사진까지 찍고 늦은 저녁을 먹으러 식당에 앉으니 밤 10시였다. 그때까지 남아서 목이 터져라 응원한 학부모, 교직원 모두가 한 덩어리가 되어 우승컵에 담긴 맥주를 나눠 마셨다. 선수 선생님들한테서는 땀냄새가 진동했지만 그 밤의 열기를 멈추지는 못했다.

내가 속한 '공따라' 배구팀에도 많은 변화가 생겼다. 회원이 너무 적게 모여서 저녁만 먹고 끝나는 날도 있었고, 주 회원이 인사 이동으로 다른 지역으로 떠나가기도 했다. 그래도 여교사끼리만 하는 배구팀이 드물어선지 새로운 회원을 영입하고 또 떠나보내면서 근근이 명맥은 이어갔다. '공따라'는 강산이 한 번 변하는 동안까지 꽤 오래 계속되다가 나를 비롯한 고정 멤버 중 몇 사람이 한꺼번에 다른 곳으로 발령나면서 해체되었다.

화양연화(花様年華). 인생에서 꽃과 같이 가장 아름답고 행복한 시간을 이르는 말이다. 인간의 어리석음 중 하나가 지나 봐야 그 소중함을 아는 것일 게다. 쉰이 넘어가면서부터 여기저기가 고장 나서 병원을 다니는 일이 잦았다. 의사는 더이상 배구를 하면 안 된다고 했다. 아, 그제야 깨달았다. 40대를 온통 함께했던, 월요일의 화려한 외출이 이어지던 그 날들이 바로 내 인생의 화양연화였음을.

한때는 슈퍼우먼

서른 중반에 섬에서 3년을 근무했다. 들어갈 때만 해도 어디나 사람 사는 데니 비슷하니까 나만 잘하면 될 거라고 생각했다. 그런데 혼자가 아니라 다섯 살에서 열 살이 되는 아이 셋과 함께 있으려니 어려운 점이 한둘이 아니었다. 전화만 하면 배달해 주는 통닭과 피자, 아무 데서나 살 수 있는 생일 케이크나 김밥도 모두 만들어야 했다. 가장 힘든 건 아이들이 아플 때였다. 제법 큰 섬이라서 보건소 안에 내과와 치과가 있었지만 근무하는 의사는 아직은 공부가 더 필요한 공중 보건의였다. 응급 상황에는 도움이 되었지만 간간이 마루타가 된 듯한 기분이 드는 건 어찌할 수 없었다. 뭔가 한 보따리 약을 주기는 하는데 낫지는 않았다.

작은딸은 세 아이 중 가장 약하게 태어났다. 뱃속에 있을 때부터 입덧으로 나를 힘들게 했다. 낮에는 잘 놀다가 밤에 갑자기 열이 올라 응급실에 가면 39도는 예사이고 언젠가 한 번은 40도를 넘기기도 했다. 밤새 열이 오르면 어쩌나. 응급실도 없는 섬에서 다치기라고 하면 어쩌나. 섬에 들어가면서 가장 크게 걱정한 것은 그것이었다. 모든 걸 내가 결정하고 책임져야 했다. 함께 근무하면서 아이도 키우고, 섬 점수도 딸 수 있는 부부 교사가 그렇게 부러울 수가 없었다. 어쩌다 육지에 있는 교육지원청으로 출장 갈 일이 있어도 여수가 집인 선생님께 부탁했다. 한 번 들어오면 주말이 되기 전까지는 나가지를 않았다.

주 5일 근무제가 시작되기 전이어서 토요일에도 출근했다. 섬이 근무지인 초, 중학교, 농협, 보건소 직원들이 원래는 짐을 싣는 용도인 사선을 임대해 월요일과 토요일에만 통근용으로 썼다. 새벽 6시에 눈도 뜨지 못하는 세 아이를 승용차 뒷자리에 태우고 한 시간 사십 분을 달려 부두에 도착했다. 그곳 주민의 밭 일부를 월세로 빌려서 차를 주차했다. 그렇게 하지 않고 길가에 세워 두면 간혹 바퀴나 차 안의 오디오를 도둑맞는다고 했다. 배는 화물용이라서 크고 높았다. 물때에 따라서 긴 널빤지 다리가 부두와 배 사이에 걸쳐지면 경사가 진 그 위를 지나서 배에 타야 했다. 일주일치의 간식이 든 배낭을 올망졸망 멘 아이들은 혼자 건너지 못했다. 초등학교나 중학교의 동료 선생님들이 아이 셋의 손을 잡거나 안아서 올려 주었다.

육지와 가까운 섬이라서 웬만한 비바람에도 배가 운행되는 것이 그나마 다행이었다. 섬에서 낮 12시에 출발하는 배를 타면 오후 3시 반이 되어야 집에 도착했다. 점심때도 훨씬 지나 버렸지만 전화하면 배달해 주는 식당이 있는 것만으로도 행복했다. 한번은 월요일 아침에 섬으로 들어가던 배가 바다 한가운데서 오도 가도 못 하고 파도 따라서 들어갔다 나왔다를 반복했다. 먼 바다는 풍랑주의보가 뜬 날이었다. 바닷물이 들이쳐서 뱃전에 선 사람들 옷이 다 젖었다. 배 안의 작은 방은 여자와 아이들 차지였다. 중학교는 승진을 목표로 온 남 선생님들이 주로 근무했는데 그해에는 웬일인지 도덕을 맡은 여 선생님이 한 분 오셨다. 그 분은 섬까지 가는 30분 내내 울었다. 그 곁에서 우리 아이들은 롤러코스터를 탄 듯 재밌다며 깔깔댔다. 그래, 여기서 좌초되면 우리 아이들 고아 만들지 않고 같이 갈 수 있겠구나. 그게 위로가 되던 날도 있었다.

아이가 아프면 가장 곤란했다. 한번은 막내가 학교 주변 내리막길에서 자전거를 타다가 넘어져서 개울가에 처박혔다. 하필 성형외과에서도 만들지 못한다는 인중에 제법 깊은 상처가 생겼다. 코 몇 번 훌쩍이다 보면 다시 습해지는 자리였다. 약을 발라도 그때뿐 쉽게 낫지 않았다. 지금이라면 아이 돌봄 휴가나 연가라도 쓰고 병원에 데려갈 것인데 그때는 그런 생각도 하지 못했다. 학교에 하루 빠지면 큰일 나는 줄 알던 시절이다. 정기 여객선으로는 하루 만에 여수에 다녀오기도 힘들었다. 토요일 오후에 부랴부랴 나와서 아파트 부근 이비인후과를 간 것은 다치고 나서 거의 한 달이 지나서였다. 신기하게도 병원에서 지어준 약을 바르고 하루가 지났을 뿐인

데 상처 난 곳이 고슬고슬해지면서 딱지가 생겼다. 흉터는 막내가 청소년이 되어 수염이 나기 전까지 꽤 오래도록 남아 있었다.

지금도 가슴을 쓸어내리는 일이 있다. 막내는 주중에도 편도선이 부어 열이 많이 났다. 보건소에서 지어 주는 약은 역시나 효과가 없었다. 토요일에 집 가까운 종합 병원의 응급실에서 주사를 맞고 집에 왔는데 얼마 되지 않아 아이가 갑자기 숨을 쉬지 않았다. 정신 좀 차려 보라고 소리를 지르며, 뺨을 때리기도 했지만 얼굴이 점점 보라색으로 변해 갔다. 남편이 아이를 안고 병원으로 뛰는 5분 거리가 천 리 만 리처럼 여겨졌다. 산소마스크를 쓰고 응급 주사로 조치하니 정상 호흡으로 돌아왔다. 약 쇼크를 일으킨 거라고 했다. 아들이 살아난 것만으로도 고마워서 병원 측에 항의 한 번 하지 못했다. 우느라 정신이 없는 와중에도 나 혼자 있는 섬에서 이런 일이 일어나지 않은 것을 하늘에 고마워했다.

텔레비전 드라마에는 운전 중에 옆 사람의 얼굴을 보면서 한참 동안이나 이야기를 나누는 장면이 나오기도 한다. 운전만 배우면 나도 그럴 수 있을 줄 알았다. 그런데 웬걸. 단 1초라도 한눈을 팔면 큰 사고로 이어진다. 아이를 키우는 데도 마찬가지다. 한순간이라도 방심하면 치명적이다. 텔레비전 예능 프로그램에서 특전사 여군 두 명과 인터뷰하는 장면을 봤다. 연예인이 낙하산에서 뛰어내리는 훈련과 아이 셋을 키우는 것 중 어느 것이 더 힘드냐고 질문했다. 아무리 힘든 훈련도 목표와 정해진 기간이 있는 데 비해 육아는 그 끝이 보이지 않는다고 말하면서 지금 당장이라도 훈련하러 갈 수 있다고 했다. 우문현답이다. 그 연예인이 아직 아이를 키워 보지 않아서 용서해 준다. 그런 경험이 있다면 어떻게 저런 바보 같은 질문을 하겠는가.

그 지난한 세월을 어찌 다 살아 냈을까. 우리 엄마 세대들이 한 집에 열 명, 열두 명의 아이를 키우면서도 농사일까지 억척스럽게 해낸 것은 이제는 신화가 되었다. 로봇이나 철인 3종 경기 선수처럼 슈퍼우먼으로 살다 보니 남은 건 여기저기 고장난 몸뿐이다. 젊은 세대가, 내 두 딸만 해도 '비혼주의자'라고 당당하게 말하는 게 한편으론 이해가 간다. 많이 바뀌었다고는 해도 여전히 육아와 살림은 여성의 몫이라고 여기는 사회 분위기에서 '워킹맘'으로 살아가기가 쉽지 않다는 걸 누구보다 잘 알기 때문이다. '세계 최저의 출산율 국가'가 된 나라의 미래를 걱정하기에는 내 발등의 불이 더 먼저이니까.

먹는 즐거움은 포기할 수 없어

86세의 시어머니는 혼자서 끼니 해결이 어려워지자, 살림을 정리해 우리 집으로 오셨다. 시아버지 돌아가시고 한동안은 혼자 사셨다. 시누이 세 분이 번갈아가며 어머니를 극진히 챙겼으나 어느 날 병원에서 빈혈 판정을 받았다. 부실한 식사가 원인이었다. 결국 어머니는 유일한 아들인 우리와 살림을 합쳤다. 연세는 드셨지만 젊어서부터 꽤 오래 시장을 돌며 장사를 하신 터라 생각은 트인 분이셨다. 큰아들에 비해 해 준 게 없는데 다 늙어서 더부살이를 한다며 며느리인 내게 늘 미안해했다. 아들 집이지만 손님처럼 행동했다. 주말이면 늦잠 자는 며느리 깰까 봐서 아무리 식사가 늦어도 재촉하지 않았다. 국물 없는 밥상을 차려도, 반찬이 김치밖에 없어도,

달게 식사하셨다.

어머니를 닮아선지 세 명의 시누이와 남편도 뭐든지 잘 먹었다. 둘째 시누이는 마흔 살이 넘어서 늦둥이를 낳았는데 임신 당시 90킬로그램이 넘었다. 평소 자신의 몸무게보다 20kg이 는 거다. 아기를 낳았는데도 몸무게는 별로 줄지 않아 지금도 헤비급이다. 매일 아침 가는 사우나에서 형님(둘째 시누이)의 별명은 '하마'다. 본명을 아는 사람은 드물지만 '하마'를 모르면 간첩이란다. 큰시누이와 셋째 시누이도 둘째만큼은 아니지만 일반인에 비해서는 몸집이 큰 편이다. 식구들이 모이는 명절에도 웬만한 음식은 금방 동이 나고 만다. 안 그래도 큰 내 손이 점점 커지는 이유이다.

남편은 결혼 당시 호리호리해서 보기 좋았다. 적당한 키에 날씬한 체격이었는데 결혼 1년 만에 무려 10킬로그램이 늘었다. 부지런히 장을 봐 와서 상을 차리고 있으면 막 퇴근한 남편이 오늘의 메뉴가 뭐냐고 묻는다. "주꾸미 삼겹살에는 소주가 제격이야.", "꽃게탕이라 술 생각나네. 돼지고기 두루치기에 소주가 빠지면 섭하지." 술 마실 이유는 충분했다. 처음에는 나가서 비싼 술 먹지 않고 집에서 싸게, 얼굴 보면서 마시니 좋았다. 친정아버지와 달리 술주정도 없고 호탕하게 늘어가는 웃음과 배짱도 괜찮았다. 장을 보면서 일부러 술을 챙기기도 했다.

퇴근하면 으레 장을 봐 와서 매일 종류가 다르게 상을 차렸다. 잘 먹어 주니 만드는 재미가 났다. 아무리 많이 해도 한 끼 먹으면 끝났다. 다음 날까지 먹을 거라고 충분한 양을 요리해도 남는 게 없었다. 음식에 배를 맞춘 듯 식사가 끝나면 빈 접시만 남았다. 옆 사람이 군침이 돌 정도로 맛나게 잘 먹었다. 양도 많은 데다 술까지 곁들이니 몸무게는 금세 늘었다. 게다가 속도도 빨랐다. 군대에서 가장 빨리 밥을 먹는 사병이었다며 자랑했다.

결혼 10년이 지나자, 총각 때보다 무려 20킬로그램 가까이 체중이 늘었다. 회식도 잦았다. 밖에서 먹는 기름진 음식과 술은 그대로 살이 되었다. 마흔이 될 때까지 운동이라고는 숨쉬기밖에 하지 않았다. 결국 건강에 적신호가 켜졌다. 지금도 여전히 먹는 양은 별 변화가 없으나 간식과 야식은 줄어들어 몸무게는 10킬로그램 되는 데서 오락가락한다. 그런데도 몸매는 디(D)자형이다. "아빠, 현대병원(집 가까이 있는 여성 전문 병원) 302호 예약할까요?" 놀리는 아이들의 말에 "아니, 낳으려면 좀 남았어. 아직 아기가 밑으로 안 내려왔어."라고 대답한다. 으이그, 말이나 못하면 밉지나 않지. 들은 풍월은 많아서 별걸 다 알아요.

다행히 마흔 넘어서는 꾸준하게 운동한다. 등산, 골프, 탁구를 지나 지금은 수영으로 몸을 다진 지 십 년이 넘었다. 새벽 다섯 시면 어김없이 일어나 수영장으로 향한다. 한겨울에도 마찬가지다. 근력을 기르고자 요즘에는 헬스도 곁들인다. 그 의지에 혀를 내두른다.

나는 느리게, 꼭꼭 씹어서 먹는 편이다. 점심시간에 급식 배식을 가장 먼저 받는데도 제일 늦게 먹고 일어선다. 빨리 먹으면 체한 듯 속이 답답하다. 그러니 남편과 동시에 밥을 먹어도 그 양에서 차이가 많이 난다. 대식가 남편과 살아도 꽤 오래 처녀 시절의 몸무게를 유지했다. 아이 셋 낳고도 금방 원래의 몸무게로 돌아와서 아무리 많이 먹어도 살이 찌지 않는 체질이라고 성

급하게 판단했다.

40대에 들어서니 사람들이 흔히 말하는 나잇살이 생기기 시작했다. 많이 먹어도, 야식을 즐겨도 아침에 속이 더부룩하거나 얼굴이 붓는 일이 없었다. 가랑비에 옷 젖는 줄 모른다고 어느 순간 거울을 보니 볼이 터질 것 같았다. 얼굴은 크고 살은 없는 데다 검은 뿔테안경까지 끼어서 기숙사 사감처럼 딱딱해 보이던 인상이 후덕해졌다. 나와는 영 거리가 멀었던 이쁘다, 인상이 좋다는 말도 간간이 듣는다.

문제는 그 살이 얼굴뿐 아니라 중부 지방에도 찐다는 거다. 허리에 두터운 챔피언 벨트를 두른 듯 조금만 많이 먹으면 갑갑해졌다. 전체적인 균형이 깨져서 맘에 드는 옷을 입어도 맵시가 나지 않았다. 원피스는 어느 순간 펑퍼짐한 편한 옷으로 바뀌었다. 허리띠를 사면 가장 안쪽에 송곳으로 구멍을 더 뚫어야 내 몸에 맞았던 시절도 있었는데 체질량 지수(BMI)는 과체중을 지나 비만을 가리키고 있다. 그런데도 나는 다이어트를 한 번도 해 본 적이 없다. 디톡스 다이어트, 간헐적 단식, 저탄고지 식사 등의 방법으로 살을 빼고자 노력하는 이가 내 주변에도 많다. 그 어려운 일을 어떻게 하는지 볼 때마다 놀랍다. 다른 누구도 아닌 자신과의 싸움이 바로 다이어트 아니던가.

나는 지금 인생 최고 몸무게를 찍고 있다. 입맛 당기는 음식은 여전히 많고, 먹을 때면 세상에서 가장 행복한 사람이 된다. 그 즐거움을 아직은 포기하고 싶지 않다. 평생을 '다이어터'로 사는 남편도 있는데 나 정도야 뭐. 남편이 곁에 있어서 위안이 되는 밤이다. 하하.

개성 시대

나는 물에 빠진 고기를 좋아하지 않는다. 내가 근무하는 학교 옆에는 빨간 갈비탕으로 유명한 식당이 있지만 나는 늘 고개를 돌려 버린다. 방학 때 점심시간이면 행정실 직원들과 학교 주변 여기저기를 기웃거리면서도 그런 곳은 쳐다보지도 않는다. 갈비탕 외에도 설렁탕이나 곰탕도 별로다. 메뉴라고는 그것 하나뿐인 식당이면 어쩔 수 없이 시키지만 다른 메뉴가 있다면 절대로 시키지 않는 음식이 바로 물에 빠진 고기류다.

한여름에도 뜨거운 음료를 마신다. 신나게 운동했거나, 땀 흘리고 나서는 한 잔의 냉수나 맥주도 즐긴다. 가장 못 견디는 건 식어버린 국이나 미적지근한 물이다. 아예 뜨겁거나 차갑거나 둘 중 하나이지 중간은 맘에 들지 않는다. 사람도 마찬가지다. 자기주장이 별로 없이 주변 사람들에게 잘 맞춰 주면서 정작 자기 속은 잘 드러내 보이지 않는 이와는 쉽게 친해지지 않는다. 겉으로는 모두와 두루 친한 듯 보이지만 실은 마음을 주지 않은 채 나중에 다시 만나면 외면하지 않을 정도의 그저 형식적인 인간관계만 맺는다.

오래 전 한 학년에 8반까지 있던 큰 학교에 근무했던 적이 있다. 당시 나는 학년 친목을 맡았다. 말로 사는 직업인지라 2교시가 끝나면 배가 고팠다. 친목은 그때 모이는 동학년 선생님들을 위해 미리 걷어 놓은 회비로 빵이나, 떡, 과일, 차를 준비하는 일을 한다. 비닐만 뜯어 그냥 먹을 수 있는 것도 있었지만 빵을 썰어 접시에 담거나, 과일도 껍질을 벗겨야 했다. 거기다 차도 여덟 잔이나 타야 하고 또 늦게 오는 동학년 선생님을 챙겨야 했다.

지금처럼 교실에 수도 시설이 되어 있지 않을 때라 시간 맞춰 물을 떠오거나 다 마신 컵을 씻는 일도 보통 일이 아니었다. 한쪽에선 개인의 취향에 맞추어 차를 타고, 다른 쪽에선 미리 준비한 간식을 자르거나 담아야 했다. 그런데 나보다 2년 선배였던 한 언니는 바빠서 종종거릴 때마다 멀찍이 앉아서 구경만 하는 것이었다. 두어 달 참았을까. 어느 날 같이 하면 안되겠느냐고 어렵게 이야기를 꺼냈더니 "어, 나는 차 마시는 일도 간식을 먹는 것도 안 좋아해." 라고 한다. 이미 결혼한 나와는 달리 아직 미혼이었던 그 언니를 보고 저래서 데이트나 하겠느냐고 속으로 흉을 봤다. 성격도 조용해서 남에게 피해 주는 일도 거의 하지 않았는데도 나는 일 년 내내 그 언니가 얄미웠다. 술에 술 탄 듯, 물에 물 탄 듯 심심한 성격도 내 미움을 돋우는 데 한몫했다.

아이들과도 그랬다. 나는 웃음이 많고, 목소리가 크고, 주장도 강해서 뭐든 일단 시작해 보는 편이다. 그래선지 학급 담임일 때 너무 조용하고 얌전해서 존재감 없는 아이들과는 친해지지 못했다. 그런 아이들은 대개 학습과 생활 지도에서 큰 어려움 없이 자기 할 일을 잘 해내는 아이들이라서 대다수의 선생님은 좋아하는 편이었다. 그런데 나는 좀 소란스럽고 주장도 강하며 개성이 강한 아이들과 친할 때가 많았다. 나무랄 데 없는 모범생보다는 전년도 담임에게서 부정적인 평가를 받고 올라온 아이들이 오히려 나와는 잘 맞았다.

'긍정의 아이콘'도 내 별명 중 하나이다. 며칠 전 동료 교직원 한 명이 퇴근길에 교통사고를 당했다. 일차로를 달리고 있었는데 바로 옆을 달리던 트럭이 그대로 차를 밀어 버린 거다. 너무 놀라서 정신을 잃을 것 같은 긴박한 순간에도 운전대를 놓지 않으려고 애를 썼다고 말했다. 그러면서 어쩌면 이리 재수가 없느냐고 하소연했다. 내가 아무리 주의해도 사고가 일어날 가능성은 항상 있다. 그렇게 큰 사고였는데도 다치지 않은 것만으로도 천운이 아니냐고 위로했다. 이야기를 듣고 보니 조금 위안이 된다며 전화를 끊었다.

그런 위험은 항상 있다. 아파트에서 뛰어내리는 자살자가 하필 지나가던

행인의 머리 위에 떨어지는 바람에 중상을 입거나, 철강 코일을 싣고 가던 트레일러의 급정거로 앞 차에 탄 일가족이 몰살했다는 뉴스가 심심찮게 보도된다. 그런 일이 나에게 일어나지 않으리라는 보장은 어디에도 없다. 이왕 벌어졌는데 부정적으로 생각해 봤자 스스로를 생채기 내기밖에 더하랴. 같은 상황인데도 해석하는 바가 다르다 보니 지인들은 이제는 내 말을 못 믿겠다고 한다. 내게서 좋은 관리자라고 들었는데, 막상 근무해 보면 그렇지 않다고 했다. 처음 한두 번은 그럴 수도 있겠으나 몇 번 반복하니 모두에게 점수를 너무 후하게 주는 내가 이상하다고 했다.

또 나는 게으르다. '일상의 글쓰기'만 해도 그렇다. 지금껏 여러 편 글을 썼지만 일찍 써서 올린 적이 없다. 마감 시간에 맞춰 겨우 쓰거나 넘기기도 일쑤다. 작년 하반기에 글쓰기반에 함께 다녔으나 이번 학기에는 등록하지 않은 지인들의 이야기를 들어 보면 일주일 내내 고민하다가 휴일에도 머리 싸매고 끙끙 앓는 게 너무 힘들었다고 했다. 그런데 나는 글감을 받고도 고민하지 않는다. 그저 마감 시간이 되면 어떻게라도 써지겠지 스스로를 믿는 마음이 크다. 물론 믿는 도끼에 발등 찍힌 일도 여러 번 있었다.

조금씩 미리미리 준비하면 스트레스도 덜 받고 마음도 여유로울 테지만 한 번 잘못 들인 습관은 쉽게 고쳐지지 않는다. 오랫동안 그리 해 와서 오히려 지금은 더 편하기도 하다. 긴 보고서를 쓰거나, 학교 교육 계획을 전면적으로 수정할 때도 할 일 다하고 여유 있게 잘 놀다가 딱 닥쳐서야 시작한다. 그런 날이면 새벽까지 밤을 새는 일도 허다하다.

교육 대학은 전 과목을 가르치는 초등 교사를 양성하기에 평가에 실습이 차지하는 비중도 크다. 실과 시간에 테이블보 뜨기 과제가 있었다. 손재주도 타고나지 못했고 구정 뜨개실을 만져 본 적도 없어서 실과 바늘만 사다 놓고 한 달이 지났다. 마감 며칠을 남겨 두고 벼락치기로 작품을 완성했다.

뇌 과학자들은 우리 뇌도 쓰면 쓸수록 개발이 되어 40세에서 65세 사이의 중년에 이르러서야 절정기에 이른다고 말한다. 뇌세포는 절대 새로 생기지 않으며 나이 들어 갈수록 줄어들기만 한다는 기존의 생각과 달리 쓰면 쓸수록 개발된다는 가소성의 원리는 두뇌 개발의 가능성을 열어 주었다. 중년에 들어서야 기존에 쌓은 경험과 지식을 연결하여 판단력, 종합 능력, 직관력, 통찰력, 어휘력, 위기 관리 능력에서 20대 젊은이가 따라올 수 없는 가장 우수한 뇌가 된다고 한다.

지인들은 나를 보고 호불호가 분명하고 개성이 강하다고 말한다. 그러나 뭐 어떠랴. 남에게 피해 주지 않는 선에서 이런 자유는 맘껏 누려도 좋지 아니한가. 나는 지금 이생에서 가장 우수한 뇌의 시간대에 있다.

멋진 크리스마스 선물

긴 장마였다. 무려 50일쯤 이어진 여름 장마. '석 달 가뭄에는 살아도 열흘 장마에는 못 산다'는 옛 말이 하나도 그르지 않다는 것을 실감하였다. 세상은 음습했고, 구석진 곳에는 어김없이 곰팡이가 피었다. 90도가 넘는 습도에 사람도 동물도 기진맥진이었다. 그래서일까. 올가을이 유난히 길다. 열흘만 있으면 12월인데 아직도 거리에는 붉은 단풍이 남아 있다. 은행잎 구르는 가로수 길이 환상적이다. 비도 거의 내리지 않았다.

오늘 아침 출근길에 모처럼 비가 내렸다. 가을 끝자락이어선지 그 비는 어쩐지 을씨년스럽고 쓸쓸하다. 사무실로 들어와서 따끈한 차 한 잔을 앞에 두고, 음악을 틀었다. 이런 날에는 누가 뭐래도 조덕배다. '굴곡 많은 그의 인생이 보석 같은 곡을 만들게 했을까?' 그가 만들어 스스로 부르는 노래는 한없이 부드럽다. 그냥 평안하게 듣다가도 어느 순간 슬퍼지는 묘한 매력이 있다. 그가 살아온 시간을 안다면 더더욱 그의 노래를 좋아할 수밖에 없다. 노래가 발표된 지 30년이 훨씬 지났지만 아직도 여러 가수가 그의 곡을 리메이크해 부를 만큼 명곡이 많다. 하지만 아무리 가창력이 좋은 가수가 불러도 그의 독특한 창법과 음색 때문에 원곡의 느낌을 넘어서지 못하다고 느끼는 건 나만의 착각일까?

나는 그의 노래와 청춘을 함께했다. 그는 내가 대학교 2학년이던 1985년에 첫 앨범 〈나의 옛날 이야기〉로 데뷔했다. 중학교 2학년 때 2집 앨범 타이틀곡인 〈꿈에〉를 만들었다고 하니 감성이 남다른 소년이었을 게다. 89년에 발표한 〈그대 내 맘에 들어오면은〉은 지금 들어도 하나도 촌스럽지 않아 내 노래방 애창곡이기도 하다. 세련된 외모도 아니었고, 장애까지 있었기에 당시에는 가수로 성장하는 데 어려움이 많았을 것이다. 역경을 딛고 오로지 노래 하나로 승부하여 지금도 수많은 마니아층을 확보하고 있는 가수 조덕배. 삶의 고비마다 그의 노래를 많이 듣고 불렀으며 또 위로받았다. 그가 대마초를 피워 구속되거나, 뇌출혈로 쓰러졌다는 기사를 접할 때면 잘 아는 지인이 그런 듯 가슴 아팠다.

그런 그가 데뷔 23년 만에 첫 '크리스마스 디너 콘서트'를 한다는 기사를 신문에서 보았다. 마침 한학교에 근무하던 선생님도 그의 오랜 팬이었기에 둘이서 계획을 세웠다. 콘서트가 열리는 날은 겨울 방학 첫날이자, 크리스마스 날이었다. 아침부터 부지런히 달려 콘서트가 열리는 서울 청담동 리베라호텔에 도착했다. 입구에는 얼음으로 조각한 거대한 전시물도 있었다. 커다란 원탁 테이블의 정해진 자리에 앉으니, 저녁으로 스테이크가 나왔다. 호텔식이라 기대했건만 고기는 식었고, 질겼다.

여섯시 반이 되자, 휠체어를 탄 그가 등장했다. 딸과 부인도 소개하고, 추가열이 손님으로 나와서 노래 몇 곡을 들려 주었다. 다시 조덕배가 등장해 내가 좋아하는 〈그대 내 맘에 들어오면은〉을 불렀다. 박자는 놓치고, 간간이 음정도 불안했다. 호흡은 짧았고, 고음은 올라가지도 않았다. 한 곡을 마치면 안도감에 박수가 저절로 나왔다. 그저 실수하지 않고 무사히 이 콘서트가 끝나기를 간절히 빌었다. 젊은 날의 청아하고 맑은 목소리 대신 쉰 목소리로 부르는 노래지만 가슴이 벅찼다. 먼 길을 달려 그냥 여기 이 자리에 함께한다는 사실, 그 하나만으로도 충분히 좋았다. 멋진 크리스마스 선물이었다.

좋아하는 가수가 나처럼 늙어 가는 걸 보는 건 슬프다. 나는 비록 중력의 원리에 충실해 모습이 변할지라도 내가 좋아하는 연예인은 그 자리에 그대로 머물러 있어 주기를 바란다. 세월의 흐름을 거스르려고 한 지나친 성형도 불편하긴 마찬가지다. 화려한 조명에 사람들의 관심과 박수를 받는 연예인 생활을 접고 자연인으로 살다가, 나이가 들어 다시 무대에 서면 안쓰러울 때가 있다. 그냥 좀 편안하게 나이 먹으면 안 되나. 늙지 않으려고 발악하는 듯 보여 안타깝다.

큰딸은 프로 야구 한화이글스 팬이다. 서울로 대학에 가면서 지금까지 응원하던 기아팀 대신 한화에 빠지고 말았다. 걸출한 '코리안 몬스터' 류현진 선수가 있을 때는 물론이고 그가 미국으로 가고 한화가 도맡아서 꼴등을 할 때도 연고지 대전까지 쫓아가는 열성을 보였다. 한화 팬들은 스스로를 '보살'이라고 부른다. 오르막이 있으면 내리막도 있는 것이 인생이라고는 하지만 거액의 연봉이 오가는 프로의 세계에서 그 내리막이 10년 이상 되는데도 변치 않는 사랑과 지지를 보내기는 쉽지 않을 것이다.

조덕배의 첫 콘서트가 열린 지도 어느새 12년이 지났다. 지금까지 그는 7번의 대마초 흡연 혐의로 구속되었다. 많은 연예인들이 한두 번 '대마초 가수 명단'에 이름을 올렸지만 조덕배는 그 중에서도 가장 많다. 아마 단독 콘서트를 다시 열기는 힘들 것이다. 2008년 9집 앨범을 끝으로 더 이상의 곡 작업도 없다. 그런데도 나는 여전히 그의 팬이다. 무대 위에서 조명을 받으며 잘 나갈 때는 세상 사람 누구나가 박수를 보낸다. '보살' 한화 팬처럼 무대 위의 조명이 꺼진 뒤에도 돌아서지 않는 이가 진정한 팬일 것이다.

회갑을 넘긴 그는 지금도 무대에서 노래한다. 온몸으로 노래하는 모습은 울컥하게 한다. 앞으로도 나는 그의 영원한 팬으로 남을 것이다.

피아노 전주가 흐른다. 마음이 말랑말랑해진다. 청춘의 한 시절로 순간이동시켜 주는 마력을 가진 그의 노래 '슬픈 노래는 부르지 않을 거야'를 듣는다. 좋다.

가슴에 몸부림치는 추억도/ 가슴에 몸부림치는 미련도

가슴에 몸부림치는 사랑도/ 너를 위하여 모든 걸 잊어 줄게.

(중략)

그러나 그대 때문에 받은 이 고통도/ 이 마음에 잠든 사랑 있어

슬픈 노래는 부르지 않을 거야

개구리가 물개로

큰딸이 집에 왔다. 대학 신입생이 되어 집을 떠났으니 만 13년 만의 귀향이다. 남편과 둘만 있던 집에 훈풍이 분다. 밥자리에서 술을 즐기는 남편의 술친구가 되어 준다. 밥 먹고 손 하나 까딱하지 않는 아빠를 어떻게 구슬렸는지 식탁을 정리하고 부엌으로 옮겨 주기까지 하는 남편 모습이 낯설다. '다리 올리지 마라, 꼬고 앉으면 허리에 안 좋다, 휴대폰 오래 보면 눈 나빠진다, 술을 좀 줄여야 하는 것 아니냐.' 남편을 향한 딸의 잔소리가 이어진다. 그런데도 아무 말 못 하는 건 허리 수술한 지 얼마 안 된 남편의 건강을 염려해서라는 걸 너무 잘 알기 때문이다.

남편이 새벽 수영을 다닌 지는 10년이 넘었다. 동호회 '물방개' 회장도 했다. 두 딸도 물개다. 어릴 때 수영을 배운 큰딸은 꽤 잘했다. 대학 친구를 비롯해 주변의 여러 명을 수영의 세계로 인도했단다. 집에 오면 며칠 머무는 날에도 자유 수영을 즐기다 올 정도였다. 작은딸도 취업 준비 기간에 언니를 따라서 다녔다. 나중에 들으니 생활 체육회의 청년부 선수로 나갔다고 했다. 코로나로 구립 수영장이 문을 닫으면서 운동하지 못하는 것을 아쉬워했다. 아들 역시 방학 특강으로 열리는 수영 교실에 해마다 다녔다. 수영장이 집에서 걸어서 다닐 정도로 가까웠다. 결국 우리 집에서 수영 못하는 사람은 나 하나다.

6개월에 한 번씩 병원에 다닐 때였다. 담당 의사는 눈에 띄는 미모의 소유자로 잘 봐야 30대 후반으로 보였다. 하느님도 불공평하시지. 게다가 우리나라 최고의 병원에 근무할 수 있는 정도의 머리를 주셨다. 그 의사가 나긋나긋하게 물었다. "어머니, 그동안 어떤 운동을 하셨나요?" 아무 말 안 하고 있으면 옆에 있던 딸이 냉큼 대답한다. 걷기 조금밖에 안 한다고. "운동 꾸준히 하셔야 합니다. 수영이 좋아요." 갈 때마다 의사는 그 운동을 권했다.

나는 지금껏 헬스장에 가 본 적이 없다. 혼자서 하는 운동에는 아예 흥미가 없어서다. 배드민턴이나 탁구, 배구 등 여럿이 함께하는 운동이 좋다. 그렇다고 승패에 집착하지도 않는다. 일주일에 한 번씩 배구 동호회 활동을 하던 시절에도 인(in)이나 아웃(out)에 연연하지 않았다. 교직자 배구대회에서 그것으로 다투는 이를 보면 어느 쪽이든 어서 결론이 나기를 기다렸다. 그저 사람들과 어울려 공 따라다니며 하하호호 웃었다. 옆 사람이 잘 받으면 박수 치고, 그렇지 않으면 한바탕 웃고 나서 응원을 보내는 게 좋았다. 좋은 사람들과 어우러져 건강과 친목을 다졌다. 그러니 혼자서 하는 수영에 흥미가 있을 리가 없었다.

몇 년 전 터키 여행에서 있었던 일이다. 그날은 일정이 빨리 끝나서 호텔 수영장에 들렀다. 넓은 수영장엔 민망하고 아찔한 수영복을 걸친 외국인 남성 몇이 있을 뿐, 우리 차지였다. 규칙적으로 수영장에 다니는 지인은 이미 가장자리를 폼 나게 돌았다. 나도 물에 들어갔다. 발이 닿지 않았다. 어쩔 수 없이 어릴 때부터 몸에 익은 개구리 헤엄을 쳤다. 힘은 엄청나게 드는데 속도는 나지 않았다. 나 말고는 아무도 그러지 않았다. 그런 내 모습이 신기했는지 일행이 큰 소리로 웃었다. 그 소리에 외국인들이 고개를 돌리더니 따라 웃었다. 일부는 사진을 찍으려고 휴대폰을 꺼냈다. 이 무슨 망신이야. 한국 돌아가면 수영을 꼭 배워야지. 결심은 그때뿐이었다.

더는 미룰 수 없었다. 막다른 골목에 몰렸다. 이미 건강은 나빠졌고, 현상 유지라도 하려면 운동을 꾸준히 하는 수밖에 없단다. 온 가족의 구박과 응원을 받아 수영장에 등록했다. 남들 다 하는 운동이라 마음만 먹으면 언제라도 쉽게 배울 줄 알았다. 그런데 착각이었다. 락스 냄새 심하게 나는 물을 수시로 먹었다. 조심한다고 되는 것도 아니었다. 팔 돌리기에 신경을 쓰면 다리가 따로 놀았다. 물 밖에서 찰랑거려야 할 다리는 물속에서만 허우적댔다. 고개를 옆으로 돌려 숨을 쉬려는 순간 코로 물이 들어왔다. 그

때마다 머리가 깨질 듯이 아팠다. 시력에 맞춘 수경을 벗으면 보이지 않아서 항상 쓰고 있어야 했다. 강습이 끝나고 거울을 보면 웬 판다가 한 마리 있는 것처럼 눈 주변이 움푹 들어가 있는 것도 못마땅했다.

무엇보다 실력이 늘지 않았다. 나와 비슷한 시기에 등록한 아주머니는 이미 자유형을 끝내고 배영을 배우고 있었다. 하루에 두 번씩 온다고 했다. 일주일에 두세 번, 그것도 저녁에 겨우 한 시간 오는 것도 벅찬데 새벽 수영까지? 아침잠 많은 내가 하기에는 불가능한 일이었다. 그런데도 자존심이 상했다. 그분은 나보다 열 살쯤 많아 보였다. 남들보다 앞서지는 못해도 중간은 가리라는 착각에 빠졌었다는 걸 그제야 깨달았다. 실기에서 까먹은 점수를 만회하고자 체육 이론 공부를 주지 교과만큼이나 열심히 했던 학창 시절도 떠올랐다.

한 시간의 강습에도 몇 번씩 시계를 쳐다봤다. 곧 끝나리라는 기대로 정리 운동만 제일 열심히 했다. 전신 유산소 운동인 수영은 심폐 지구력을 향상시키고, 순환 기능을 좋게 한다더니 개운하게 씻고 집에 가면 책 한 줄 읽을 수 없으리만치 잠이 쏟아지는 것만 좋았다. 결국 3개월을 다녔지만 자유형도 제대로 익히지 못했다. 가족들은 더 다니길 권했지만 말 대접해 준 것으로 만족했다. 마침 겨울이 시작되던 참이라 거절하기도 쉬웠다.

딸아이의 잔소리에서 나도 자유롭지 못했다. 첫마디가 수영 같이 다니자는 말이었다. 지난번과 같은 실수(?)를 저지르지 않으려고 이번에는 여럿이 배우는 게 아니라 일대일 개인 교습을 받으란다. 이미 전화해서 밤 아홉 시, 일주일에 세 번 가능하다는 답도 받아 두었다. 지금까지 해 오던 걷기는 이미 내 몸에 익숙해져서 더 이상의 운동이 되지 않는다는 말도 덧붙인다. 촘촘히 조여오는 딸아이의 그물망을 벗어날 길이 보이지 않는다. 이제 나도 어쩔 수 없이 물개가 되어야 할 모양이다.

동백 아가씨

주차하고 나오니 음악이 들린다. '세일 수 없이 수많은 밤을 내 가슴 도려내는 아픔에 겨워' 엄마 생각이 난다. 우리 엄마는 이미자 콘서트에 가 보는 게 소원이셨다. 가까운 곳에서 어버이날 기념 그 가수의 콘서트가 있었는데도 선약이 있어서 모시지 못했다. 엄마가 그리 쉽게 가실 줄 알았더라면 시간을 좀 낼걸. 엄마 가시고 나서 하는 여러 가지 후회 가운데 하나로 남았다.

아코디언으로 듣는 '동백 아가씨'는 구슬프다. 아련한 그 소리가 듣기 좋아서 한참을 서 있었다. 유리창 한 칸에 한 글자씩 커다랗게 적혀 있어 그곳이 아코디언 교습소인 건 한눈에 알겠다. 빛이 바랜 글자 가장자리는 조금씩 말려 있다. 011로 시작하는 번호가 적혀 있어서 운영 중인지 문을 닫았는지 겉으로는 구별이 안 된다. 음악은 3층 아코디언 학원에서 흘러나오는 소리였다. 간간이 그 소리가 창문을 타고 넘어왔다. 빨래를 널다가 불이 켜진 3층을 보면 두서넛의 사람들이 모여 있기도 했다. 창을 열면 바로 옆에서 연주하는 듯 들렸다. 글을 쓰느라고 늦게 잔 새벽 시간에도 흘러나왔다. 그런데도 소음으로 들리진 않았다. 연주 실력이 수준급이어서 더 그랬을 거다.

이사 온 옆 건물 3층에 아코디언 학원이 있다는 걸 알았을 때부터 언젠가는 저 악기를 배우리라 결심했다. 가까우니 시간이 절약되고, 휴일에도 문을 여니 직장인이 배우기엔 안성맞춤이었다. 며칠 전 저녁 식사 자리에서 그 학원을 다녀야겠다고 말했더니 뜻밖에 남편이 반대했다. 처음에는 장난으로 그런 줄 알았다. 그런데 꽤 강하게 화를 냈다. 사교춤도 아니고 악기를 배우겠다는 데 웬 반대? 납득할 수 없어서 거칠게 받아쳤다. 납득할 수 있게 이유를 대라고 했더니 그냥 싫단다. 아니 사춘기 아이도 아니고 그냥이라니. 그런데 그 기세가 막무가내다. 차라리 조금 떨어진 곳에 있는 기타 학원을 다니란다.

그러고 보니 짚이는 게 있다. 아코디언 학원의 주 수강생이 나이 지긋한 중년이었다. 얼마 전 주차장에서 누구를 기다리는지 대추를 쌓아 두고 옥신각신하는 남자들이 학원 수강생인 걸 남편도 나도 짐작한 바였다. 이 나이에 질투해 주는 남편이 있어서 고마워해야 하나. 난독증과 글쓰기 공부,

기초 학력 강의 등 직장 생활 외에 벌인 일이 많아 배우더라도 지금 당장은 아니었다. 그런데도 무턱대고 반대하니 반감이 들었다.

남편은 악기를 배우려고 할 때마다 초를 친다. "그때부터 기타를 배웠더라면 지금쯤 이미자 노래는 거뜬히 칠 수 있는 고수가 되었을 텐데." 푸념하는 내 말에 슬그머니 웃는다.

나는 노래 부르는 것을 좋아한다. 시동 거는 데는 시간이 걸리지만 한번 발동이 걸리면 마이크를 남에게 넘겨주기 싫을 정도다. 참 이상도 하지. 분명 처음에는 노래 곡목이 고민이었는데, 몇 번 부르다 보면 부르고 싶은 노래가 차고 넘친다. 혼자서도 두세 시간은 거뜬히 놀 수 있다. 술 없이도 잘 노는 나를 다른 사람들은 신기하게 본다. 술만 마시면 동네가 다 알게 노래 부르며 귀가하던 아버지, 한 잔도 못 해도 흥 많던 엄마의 피가 어디 가겠어. 형제들도 한결같이 노래를 즐긴다. 심지어 동생은 교육대학 음악교육과를 졸업했는데 '성악' 전공이었다. 엄마 모시고 놀러 간 펜션에서 새벽 3시까지 노래방에서 논 적도 있었다. 심지어 주말 주택에는 노래방 기계도 있다. 외딴집의 장점을 살려 밤늦게까지 노래를 불러 젖힌다.

그런데 나는 악기는 못 한다. 피아노를 못 쳐서 교육대학도 겨우 졸업했고-교육대학은 피아노로 바이엘 끝까지, 오르간으로 다장조, 바장조, 사장조, 내림마장조, 단조의 곡을, 마지막으로 '애국가'를 연주해야 한다. - 교과서에 나오는 동요도 자신이 없다. 요즘에야 거의 모든 반주가 엠알(MR)로 이루어져서 편하게 음악 수업을 할 수 있지만 당시에는 반드시 피아노를

칠 줄 알아야 했다. 교육대학에는 오르간에 얽힌 수많은 전설이 전해 내려온다. 실제로 남자 동창 한 명은 음악당에서 오르간을 훔쳐서 나오다가 걸려서 결국 퇴학을 당했다. 오르간이 미움의 대상인 사람은 비단 나뿐만이 아니다. 악보를 보지 않고도 화음까지 넣어 최신 유행가를 연주하는 친구 언니가 그렇게 부러울 수가 없었다.

딱 한 번 '기타 학원'에 등록한 적이 있다. 남편과 사귈 무렵이었는데 거절은 못 하고 만나는 건 부담스러웠다. 핑곗거리가 있으면, 무엇보다 서로 시간적인 여유를 두는 게 나을 것 같아서 내 딴에는 머리 써서 등록한 학원이었다. 영업이 끝난 이발소 한 귀퉁이에서 주인이 취미로 가르쳐 주는 곳이었다. '너의 침묵에 메마른 나의 입술' 손가락은 아팠지만 음이 만들어져 가는 게 신기해서 열중하고 있는데 등 뒤에서 문 열리는 소리가 났다. 어째 분위기가 이상했다. 그때서야 돌아보니 남자 셋 사이에 앉아 있던 나를 죽일 듯이 노려보고 있는 한 남자가 있었다. 바로 남편이었다. 결국 기타 배우기는 단 4일 만에 끝나고 말았다.

간간이 생각한다. 그때 동생을 앞세워 남편이 찾아오지 않았더라면 내 인생은 어떻게 달라졌을까. 남편 말대로 '지금도 구제해 주는 사람 없이 홀로 늙어 가고 있을까? 더 좋은 남자 만나 알콩달콩 살고 있을까?' 순간의 선택이 인생의 큰 물줄기를 바꾼다. 기타에 이어 아코디언까지 물 건너갔다. 가정의 평화를 지키려면 이번에도 내가 양보하는 수밖에. 널린 게 학원이지만 배우고 싶은 마음은 아무 때고 내지는 게 아니다. 아코디언으로 엄마가 좋아하던 '동백 아가씨'를 멋들어지게 연주하고 싶었는데…….

그래도 포기하지 않으련다. 기타 반주에 맞춰 노래하는 은발의 할머니를 그려 본다. 호흡은 짧고, 목소리는 탁하고, 손가락은 무디고 뭐 하나 뜻대로 되지 않겠지만 지금보다 조금 더 한가해지면 그때는 도전해 볼 것이다. '늦었다고 생각할 때가 가장 빠른 것'이라는 말은 언제나 정답이다.

명절과 캥거루

집안에 쌀이 떨어졌는지, 아이들 학비 고지서가 나왔는지 살림에 관심 없는 아버지 탓에 엄마는 고달팠다. 몸이 부서져라 일했지만 근근이 입에 풀칠하는 정도였다. 먹고 사는 일, 자식들 학교 보내는 일 외에는 모두 후순위로 밀렸다. 우리 집은 동네에서 가장 늦게 텔레비전과 전화기를 들였다. 생일에는 미역국이 전부였다. 촛불을 켜고 케이크를 자르거나 가족 간에 선물을 주고받는 것은 드라마에서나 보던 일이었다. 입학식, 졸업식 등의 특별한 행사에도 부모님은 오지 못했고, 외식의 단골 메뉴인 중국집의 짜장면 한 그릇 먹어 본 적 없었다.

발령받은 그해 직장 동료로부터 남편을 소개받고 짧은 연애 끝에 결혼했다. 엄마의 기대에 미치지 못하는 이른 결혼이었지만 어떻게든 집을 벗어나고 싶은 마음이 컸다. 시어머니가 마흔두 살에 낳은 늦둥이 막내아들과 결혼했기에 시댁 식구는 다 나보다 나이가 한참 많았다. 시어머니는 일흔이 넘어 '어머니'보다는 '할머니'에 가까웠고, 쪽진머리를 하고 있었다. 큰 시누이는 무려 나보다 열아홉 살이 많아서 친정 엄마와 다섯 살 차이밖에 나지 않았다. 네 살 아래인 장조카에게 말을 올려야 하나, 내려야 하나 고민 하기도 했다. 또 형님과는 띠동갑이어서 그저 윗분들이 시키는 대로 하는 게 편하다는 걸 일찌감치 깨우쳤다.

시댁은 자녀 다섯이 결혼 후에도 시댁 근처에 옹기종기 모여서 살았다. 나도 친정과 불과 30분 거리였으나, 그곳이 가장 멀었다. 가족 중 어느 한 사람의 생일이 돌아오면 형제들이 모두 모여 집에서, 그게 여의치 않으면 중국집이나 횟집에서 잔치를 열었다. 그럴 때도 생일 케이크는 빠지지 않았다. 두 분의 시누이는 당신들도 시어른을 모시고 살면서도 명절 저녁이 되면 아이들까지 모두 데리고 친정으로 왔다. 작은며느리인 나는 형님이 하라는 산적, 명태전, 동그랑땡과 오징어, 가지, 양파튀김까지 허리 펼 새도 없이 다섯 시간씩 부치고 튀겼다.

한 상 거하게 차려 저녁을 먹고는 노래방에 갔다. 아이들은 아이들대로 방 하나를 차지해 놀고, 어른들은 또 다른 방에서 노래를 불렀다. 이쯤 되면 누구나 김씨 집안 사람들이 엄청 노래를 즐기고, 잘하는 줄 안다. 천만의 말씀이다. 오 남매 모두 하나같이 거의 음치 수준이다. 심지어 남편은 내가 만나 본 어떤 사람보다 음치, 박치다. 대신 홍이 많은 가족이다. 사위나 며느리의 노래에 맞추어 딸과 며느리, 아들과 사위의 경계를 헐어 버리고 모두가 즐겁게 노래하고 춤췄다. 노래는 못하지만 술 하나는 기차게 잘 마셨다. 성별을 가리지 않고 말술을 먹는다. 홍이 넘치는 특별한 날엔 나이트클럽에도 간다. 그런 날이면 큰시누이는 언제 자기 집에 들렀다 왔는지 붉은 입술에 화려한 나이트 의상, 반짝이는 액세서리로 '짠!' 변신하고 나타났다.

나들이하기에 좋은 계절이면 부모님을 모시고 계곡이나 강으로 놀러 갔다. 손 크고 부지런하고 놀기도 잘하는 둘째 시누이는 계곡 한쪽에 커다란 솥을 걸어 닭을 삶거나, 잡은 물고기로 뚝딱 '피리 튀김'을 만들어 냈다. 친정에서 변변한 외식 한 번 해 본 적도 없이 살다가 작은 일도 크게 만들어 가족 모두가 모여서 먹고 마시는 시댁의 문화는 신기했다. 술 한 잔 마시지 못하지만 보는 것만으로도 즐거웠다. 김씨 집안 사람들이 못하는 노래 몇 곡 빼주면 환영을 받았다. 대식구가 먹을 음식을 만드느라 잡채, 가오리회, 전, 갈비의 양이 상상 이상으로 많았고 그 모든 일을 며느리인 형님과 내가 감내해야 했지만 그조차 좋았다. 스물다섯 명이나 되는 대식구가 맛있게 먹고 놀다가 밤이 깊으면 모두 자기 집으로 돌아갔다.

시아버지가 돌아가시고, 집안의 구심점 역할을 하던 시아주버님이 투병 중 떠난 지도 20년이나 되었다. 분명히 막내아들한테 시집을 왔는데 이제는 외며느리가 되었다. 씩씩했던 시누이 세 분도 직장에서 퇴직하였고, 기력이 전만 같지 않다. 내로라하고 자랑할 사람은 없으나 형제들끼리 다복하게 지내는, 사람 냄새 가득한 그 모습이 좋았기에 그 모든 수고를 기꺼이 떠안았다. 시누이 가정에 새사람이 하나둘 들어오고, 뒤늦게 살림을 합친 시어머니가 돌아가신 지 꽤 되었어도 지금껏 그래왔던 것처럼 명절이면 모여서 먹고 놀았다.

딸 둘은 어릴 때부터 명절이면 나가 놀지 못하고 엄마의 음식 준비를 도와야 했다. "이번에는 음식을 조금만 준비하는 거 맞죠?", "차례는 우리 집에서 간단하게 지내고, 식구들 모이는 건 식당에서 하면 어떨까요?", "엄마도 아픈데 올해도 다 오시는 건가요?" 명절마다 되풀이되는 실랑이다. 초등학교 때부터 한 일이라 불 조절해가며 나보다 더 이쁘게 산적을 만들고 전을 부쳐내면서도 불평이 한가득이다.

임홍택은 『90년생이 온다』에서 길고 복잡한 것을 좋아하지 않는 간단함, 재미와 유희를 추구하는 삶, 그리고 솔직함이 90년대 생의 특징이라고 썼다. 즉 부당함과 비합리적인 상황에 과감히 문제를 제기한다는 것이다. 90년대생 딸 둘은 새사람이 들어오고서도 사위와 며느리까지 데리고 친정 나들이를 하는 나이 많은 고모들을 이해할 수 없다고 한다. 여자들은 하루 종일 부엌을 벗어나지 못하고 일하는데, 남자들은 술 마시고, 카드 놀이하고, 가만히 앉아서 '이것 가져와라, 저것 부족하다' 한다. 게다가 설거지까지 해야 하는 상황에 진저리를 낸다. 음식 준비하면서 그런 마음이라면 오던 복도 달아난다고 엄마 도와주기 싫으면 차라리 나가서 놀다 오라고 면박을 주지만 - 실제로 큰딸은 중2 때 한 번 나가기도 했다 - 명절마다 되풀이하는 두 딸의 협공에 귀가 따가울 지경이다. 이모가 둘, 고모가 셋이나 되어서 명절이면 다른 친구들보다 용돈 두둑하게 받는다고 좋아하던 시절을 잊었나 보다.

며느리가 2~3일 고생하면 여러 사람 행복해지고, 가족 간에 화목해지는 것 아니냐는 내 논리는 쓸데없는 오지랖으로, 대화 중에 나오는 이런저런 말은 안 해도 되는 말 즉 티엠아이(TMI, Too Much Information)로 취급한다. 의견이 다르면 사사건건 가르치려 들고, '라떼족'으로, 기성세대로 몰아붙인다. 다른 사람에게 피해 안 주고, 또 남의 도움도 되도록 받지 않는다고 선을 긋는 딸들이 왜 경제적으로는 독립하지 못하고 학비와 집은 물론 용돈까지, 서른이 다 되도록 부모에게 손 벌리는 캥거루가 되는지 한편으론 얄밉다. 이거야말로 어불성설(語不成說)이 아니던가.

명절이면 딸들과 반복되던 갈등이 이번 추석에는 없었다. 이제 큰시누이는 일흔다섯 살이 되었고, 친정 제사까지 모셔야 하는 내 처지를 생각해 더 이상 오지 않는다고 선언하셨다. 다른 때보다 음식의 가짓수도 줄이고, 손이 많이 가는 산적 대신 아이들이 좋아하는 육전과 새우전을 부쳤다. 서너 시간 만에 금방 차례 준비가 끝났다. 지금껏 누가 시켜서 한 것이 아닌데도 오랜 부채에서 벗어난 듯 홀가분하고 편했다. 마음 한편 세월의 흐름에 쓸쓸해 했던 건 나만 아는 비밀이다. 세상일은 앞날을 모르기에 묘미가 있다. 또 어찌 알겠는가. 90년대 생 딸들이 스물다섯의 대식구가 복작거리며 놀던 그 명절을 그리워하게 될 날이 있을는지 말이다.

3부

서안 가는 길

서안 가는 길

그 일은 우연하게 계획되었다. 해마다 방학이 되면 대하소설이나 장편소설을 읽는 건 내 오래된 취미였다. 육아와 직장생활을 병행하는 힘들고 긴 터널을 통과하는 동안에도 '평생 독자'가 되려고 노력했다. 아이들을 다 재우고 난 깊은 밤이면 책을 읽었다. 한번 책을 잡으면 시간 가는 줄 모르게 빠져들어 새벽녘에야 겨우 읽기를 멈추었다. 출근은 했지만 몸은 피곤하고 정신은 맑지 못했다. 수업은 건성으로 했고, 평소 같으면 두 번 세 번 참을 수 있었는데도 아이들에게 쉽게 화를 냈다. '좋은 교사는 되지 못할지언정 아이들에게 죄 짓는 교사는 되지 말자'고 정한 교육 철학을 지키기가 힘이 들었다. 달콤했지만 자주 하면 그 부작용이 컸기에 자제했다.

방학은 그런 점에서 좋았다. 새벽녘에야 잠이 들어 해가 중천에 떠오르도록 자도 깨우는 사람이 없었다. 아침을 먹지 않는 남편은 출근했고, 세 명의 아이들은 자기들끼리 잘 놀았다. 굳이 밥이 아니어도 집에 있는 적당한 군것질로 끼니를 때울 줄도 알았다. 엄마의 아침잠을 깨우지 않으려고 목소리를 낮춰 가며 조용조용하게 놀았다. 처녀 적부터 이어온 '올빼미'는 방학만 되면 튀어나와 책 읽느라 지새는 밤이 길어졌고, 그럴수록 오지고 행복했다.

조정래의 소설 『정글만리』는 겨울방학에 읽었다. 한국의 상사원, 일본 대기업의 주재원과 상사원, 베이징 대학의 유학생, 그리고 꽌시(关系)면 다 되는 중국 사람들 간의 얽히고 설킨 이야기인데 중국의 상해, 광주, 서안, 청도가 배경이다. 30년 만에 세계 지투(G2)로 부상하고 있는 중국 사람들의 생각과 문화를 알 수 있어 재미나게 읽었는데 책 속의 한 문장에 꽂혔다. 서안은 백 미터를 파면 천 년 전 유물이, 2백 미터를 파면 2천 년 전 유물이 나온다는 것이다. 역사책에서 배웠던 중국을 최초로 통일한 진나라의 진시황이 만든 '병마용갱'을 직접 눈으로 보고 싶은 강렬한 충동이 생겼다. 방학이 되면 이런저런 모임에서 해외여행을 추진하고, 중국에도 몇 차례 다녀왔지만 서안 땅을 밟아 보지는 못했다. 마침 집에 와 있던 작은딸에게 중국 서안으로 여행 가고 싶다고 말했다.

다시 학기는 시작되었고, 나는 그런 말을 했는지조차 까맣게 잊고 있었다. 그런데 얼마 지나지 않아 두 딸이 5일 동안 이어지는 추석 연휴를 이용해 가족 여행을 가자고 했다. 그것도 서안으로. 내 말을 흘려듣지 않은 작은딸이 큰딸과 상의해, 대학에 다니는 아들과도 일정을 맞췄으니 무조건 떠나잔다. 학기 중에는 제주도 가 본 적도 없는데 해외를 간다고? 혹여 비행기가 연착되어 제날짜에 출근하지 못하면 어쩌나 이런저런 생각으로 내키지 않아 선뜻 대답하지 않았다.

그해는 결혼 25주년이었다. 혼자 살기 힘들어 살림을 합치고 6년 2개월을 함께 지낸 시어머니가 떠나신 지도 3년째가 되었다. 이듬해 아들도 군대에 갈 예정이라 지금이 가족 여행을 떠나기 가장 좋다고 했다. 남편은 남편대로, 나는 나대로, 아이들도 각자 떠난 해외여행의 이력이 꽤 되지만 가족여행은 한 번도 없었다. 명절 차례상과 성묘는 일주일 전에 지내고 시댁이나 친정 식구들에게도 미리 이야기하면 별문제가 없을 거라고 했다. 명절상 차리기, 제사와 시제 모시기 등 작은며느리였는데도 해 왔던 수고에 보상하는 차원에서라도 이번 추석에는 떠나자는 아이들 이야기는 꽤 설득력이 있었다. 그렇게 결정된 서안 여행이었다. 아이들은 나흘간 묵을 아파트와 비행기표를 예약했고, 관광지를 검색하고 준비물을 챙겼다.

서안 공항 출입국 심사대는 8~9칸 정도가 있었다. 여행사에 17만원 가량을 내고 받은 비자에 적힌 이름 순서대로 줄을 섰다. 그런데 웬일인지 다른 줄은 팍팍 줄어드는데 우리 줄만 그대로였다. 작은딸에게 질문해대더니 결국 한쪽으로 세우고 남은 넷만 입국 허가증에 도장을 찍어 주었다.

알고 보니 딸이 재작년에 다녀온 2개월간의 터키 여행을 문제 삼은 것이다. '왜 갔느냐, 누구랑 갔느냐, 터키에 아는 사람이 있었느냐?' 등의 질문을 꼬치꼬치하기 시작했다. 딸아이는 대학 3학년을 마치고 휴학 기간에 스페인 3개월, 터키 2개월 다녀온 게 여행의 전부인데 말이다. 추석 연휴 첫날이라 서안으로 가는 대한항공은 만석이었다. 함께 타고 온 200명이 넘는 사람들이 다 빠져나가도록 딸은 입국 심사대에 서 있었다. 기다리다 못해 큰딸과 아들은 가방을 찾으러 내려가고, 나와 남편은 작은딸이 잘 보이는 곳에 서서 딸이 무서워할까 봐 웃어 주기도, 손을 흔들어 주기도 하면서 기다렸다. 중국 공안 관계자는 남편과 내 여권을 살피고는 터키 여행을 왜 했는지 묻기도 했다.

그러기를 30여 분, 중국어를 유창하게 하는 대한항공 직원이 왔다. 한참을 이야기하고 온 그분의 말씀이 넷은 입국허가, 작은딸은 입국 불가라고 했다. 이유를 물으니 이유는 말해 줄 수 없단다. 기다리면서도 다소 불안하긴 했지만 그런 결론이 나리라고는 꿈에도 생각하지 못했다. 남편이 급하게 중국 영사관에 전화를 하니 입국 심사대에서의 일은 본인들이 관여할 수 없다고 한다. 항공사 직원은 지금 인천공항 가는 비행기가 기다리고 있으니 딸아이 혼자 보내든지 아니면 가족 전부가 그 비행기를 타고 다시 돌아가든지 양자택일하란다. 짐 찾으러 내려간 큰딸, 아들과 의논할 시간도 없었다. 우리 때문에 이미 비행기가 40분 연착되고 있으니 빨리 선택하라고 독촉해 댄다.

결국 영문도 정확하게 모른 채 혼자 돌아갈 딸아이 걱정과 가족 모두가 함께여야 의미 있는 가족 여행이 되지 않겠느냐는 남편의 의견으로 우리가 타고 간 그 비행기를 타고 다시 돌아올 수밖에 없었다. 주변 누구에게서도 듣지도 보지도 못한 일이 우리 가족에게 일어난 것이다. 샤드 배치로 한중 관계가 급랭했다느니 한류 스타들의 팬 미팅이나, 콘서트, 광고 등이 줄줄이 취소되었느니 그런 뉴스를 연일 듣고 있었지만, 나와는 거리가 먼 이야긴 줄로만 알았다. 자그마치 14개국과 국경을 맞대고 있는 중국은 분쟁이 끊이지 않는데, 그해에는 터키와의 국경 분쟁이 간간이 기사로 나곤 했다.

호사다마였을까. 설렘으로 떠난 우리 가족 다섯 명의 중국 서안 여행은 불발로 끝났다. 공항에는 내렸으나 정작 땅은 밟아 보지도 못한 채 돌아와야만 했다. 억울하고 분하지만 하소연할 곳이 없었다. '차례 안 지내고 여행 가서 조상님이 화나셨나?' 인천공항에 내려 집까지 오는 7시간 동안 별생각이 다 들었다. 돌아올 때만 해도 언론사에 제보라도 해서 억울한 마음을 하소연해야 속이 좀 후련할 것 같았다. 그러나 서안 공항에서의 5년 근무를 비롯하여 30년 이상 항공사에 몸담고 있는 지인의 오빠에게 들으니, 우리나라도 이슬람 국가 사람들을 입국 거부하는 일이 종종 있다고 해 마음을 접었다. 100대 교육과정 준비로 유난히 바빴던 학교의 형편도 한몫했다.

다람쥐 쳇바퀴 돌듯이 학교와 집을 오가며 평범한 소시민으로 살아가는 나는 국가의 존재를 느끼는 일이 거의 없다. 간혹 해외여행을 하면서 세계 여러 곳을 무비자로 여행하는 특전을 받을 때나 높아진 한국의 국격에 어깨가 으쓱해질 뿐이다. 그랬는데 2016년 추석 여행으로 나는 국격을 다시 생각하게 되었다. 개인은 국가의 일원으로 국가의 흥망성쇠와 함께하며, 국가가 개인의 삶에 지대한 영향을 미치고, 뗄레야 뗄 수 없다는 것 등 책에서 배워 익히 알던 것을 비싼 값을 주고 경험했다. 영화 '집으로 가는 길'이 떠오르는 추석 연휴였다.

시끌벅적 추석 이야기

이번에도 그럴 줄 알았다. 화장실 한 번 다녀오면 괜찮아질 거라고. 추석 쇠러 내려 온 아이들과 집 앞 식당에서 먹은 돼지갈비가 문제였다. 갈빗집은 저녁 늦게까지 손님으로 그득했다. 갈비 굽는 냄새가 맞은편 우리 집까지 건너왔다. 언젠가 한번 가 보리라 벼르던 곳이었다. 마늘에 재운 갈비를 참나무 숯불에 구워 먹으니 술술 녹았다. 아이들도 남편과 나도 만족한 한 끼였다.

그런데 그게 사달이 난 것이다. 밤새 화장실을 들락거렸다. 잠은 쏟아지는데 배가 아파서 잘 수가 없었다. 잠이 깬 남편이 지사제를 먹으라고 했지만 어디선가 그게 오히려 회복하는 데 방해가 된다는 글을 본 적이 있어서 거부했다. 아침에야 아이들이 다시 지사제를 권했다. 거짓말처럼 30분 간격으로 화장실로 향하던 걸음이 멈춰졌다. 밤새 시달린 탓에 기운도 없고 눕고 싶은 생각밖에 안 났다. 한숨 자다가 눈을 떠 보니 어느새 열 시가 넘어 있었다.

오늘은 추석 전날, 차례상을 차리는 날이다. 원래 해 오던 시댁 상에다 작년에 한꺼번에 돌아가신 친정 부모님 상까지 내 몫이다. 남들은 양쪽 집안 상을 어떻게 하느냐고 하지만 오래 해 오던 일에 양만 조금 늘리면 되어서 별로 힘들지 않다. 과일은 준비했고, 생선과 동태 전감도 진즉 사서 냉동해 놓은 걸 어젯밤에 냉장실에 옮겼으니 녹고 있을 것이다. 고사리도 삶아서 물에 불렸다. 엄마가 돌아가시기 전 봄에 한 관 사 주신 거다. 아껴 먹었지만 이제 얼마 안 남았다. 전감이나 토란, 나물류는 오늘 사야 한다. 누워 있을 시간이 없다. 늦게 가면 내가 찾는 전감이 떨어져 버린다는 걸 경험으로 알고 있다.

이럴 때 마스크는 유용하다. 씻지도 않고 머리만 대강 정리한 채 남편이 운전하는 차에 올랐다. 명절은 명절이다. 대형 마트 입구부터 막힌다. 짐꾼인 아들, 운전해 주는 남편 사이에서 누구랑 올 것인가를 저울질했는데 남편과 함께하길 잘했다. 익숙한 데라서 한 바퀴 돌면서 금세 장을 봤다. 가장 손이 많이 가는 산적 대신 이번 추석에는 육전을 하기로 했다. 육전용 쇠고기와 동그랑땡 재료, 깻잎, 도라지, 토란, 푸른색 야채, 부추, 버섯, 두부, 당면, 부침가루를 샀다. 가짓수 맞추느라 감과 메론도 두 통 담았다.

불과 30여 분의 장보기였는데 녹초가 되었다. 도저히 음식을 준비할 여력이 없다. 그대로 누운 게 일어나 보니 오후 두 시가 넘어 있었다. 전을 부치고 있던 큰딸이 세 시에 병원 예약을 해 두었으니 수액이라도 맞고 오라고 성화다. 한숨 자면 괜찮아지리라 생각했는데 여전히 천근만근이다. 시키는 대로 하여 기운을 차리는 게 더 낫겠다 싶다. 서둘러 남은 전감을 손질하여 딸에게 넘긴다. 표고버섯을 얇게 포를 떠 소금을 뿌린다. 부추에 양파와 매운 고추, 새우를 넣고 적당한 농도로 버무린다. 쪄야 할 민어를 뺀 나머지 생선, 서대와 양태도 구워 놓으라고 이르고 아들과 집을 나섰다.

소아과가 주 진료과목인 병원은 어린이 환자로 만원이다. 문 여는 병원이 한정되다 보니 몰린 듯싶다. 앉아 있을 기운이 없어 병원 한쪽에서 모로 누워 있었다. 한 시간이 다 되어서야 겨우 이름을 부른다. 그러고도 수액을 다 맞기까지는 두 시간이 더 걸렸다. 그 사이 딸아이한테 톡이 왔다. 구운 생선과 전이 채반 가득이다. 육전, 깻잎전, 표고버섯전, 동태전, 부추전에다 생선 굽기까지, 시킨 일을 야무지게도 해 놨다. 하긴 초등학생 때부터 전을 부쳤으니 그 세월도 상당하다.

집에 오니 오후 여섯 시가 다 되었다. 평소 같으면 일곱 시에 상을 차리는데, 많이 늦었다. 밥을 안치고 토란탕을 끓이고, 민어를 찌고, 나물 세 가지를 만들었다. 재료는 사다 놨지만 잡채는 사람들 모이는 내일 하는 게 나을 것 같다. 장조카와 조카며느리, 그리고 두 아이의 도움을 받아 시댁 상은 거실에, 친정 부모님은 방에 차렸다. 준비는 말할 수 없이 복잡했는데 의식은 금방 끝난다.

오래전에 엄마와 이모를 모시고 정초에 신수를 보러 간 적이 있었다. 방

한구석에 앉아서 끝나기를 기다리는데 말끔한 모습이 조선시대 선비처럼 보이는 역술가가 물었다. "딸이요, 며느리요?" 큰딸이라는 엄마 말에 나도 공짜로 봐 준다면서 생시를 물었다. 그러곤 첫 마디가 "큰며느리 노릇 하고 살 팔자요."였다. 당시만 해도 시숙님과 형님이 시부모님을 모시고 한집에서 살던 때라 코웃음을 쳤다. 믿지 못하겠다는 표정이 얼굴에 드러났는지 한마디를 덧붙였다. "두고 보시오. 내 말 할 날이 올 것이오."

그 모든 게 잘 짜인 각본이었던가. 시숙님이 쉰을 갓 넘기고 암으로 돌아가시자 형님은 재혼했다. 연로하신 시어머니는 6년 2개월 동안 우리 집에서 살다 아흔이 넘어 요양원으로 가셨다. 제사도 명절 차례상도 모두 내 차지가 된 게 20년이 넘었다. 재작년까지는 엄마가 도와주셨다. 명절상은 내가 차렸지만 평일 제사의 장보기는 물론 음식까지 만들어 주셨다. 엄마표 음식은 시누이와 조카에게 인기 만점이었다. 먹고 남은 고사리와 취나물은 챙겨 갔다. 엄마가 돌아가시자 모두 내 차지가 되었다. 시부모님은 도리로 모시고, 친정 부모님은 받은 게 많아서 빚 갚는 중이라고 생각한다. 더이상 할 수 없을 때까지는 기꺼이 하려고 한다. '제사 복'이 많은 대신 다른 복도 많이 주시겠지. 설령 내가 못 받으면 내 자식에게라도.

그런 마음이니 나는 별로 명절 스트레스가 없다. 멀리 사는 아이들이 내려오고, 조카들이 짝꿍과 아이들 데리고 북적북적 인사 오는 것도 좋다, 한 가지에서 뻗어온 친정 형제간이 모여서 엄마를 기리며 정담을 나누는 것도 즐겁다. 올해는 코로나로 시간차를 두고 조카 부부와 아이들이 다녀

갔다. 서울 사는 11개월 이솔이는 아랫니 두 개, 윗니 네 개로 깔깔깔 소리 내어 웃는 아가였다. 처음 보는 내게도 금방 안긴다. 아가의 웃음은 보고만 있어도 전염된다.

돌아가신 시숙님 손자 단이는 21개월의 무뚝뚝한 사내아이다. 어쩌다가 한 번씩 눈이 하나도 안 보이게 활짝 웃는데, 그 미소가 치명적이다. 저희 엄마가 김에 싸 주는 밥을 반 공기나 먹더니 작은 자동차 장난감을 가지고 혼자서 놀더라. 저렇게 순한 아이가 어디서 왔을꼬. 아이의 웃음은 보는 이를 무장 해제시키는 마력이 있다.

남양주에 사는 승아와 승유는 시숙님의 손녀로 쌍둥이다. 옷은 똑같이 입었으나 이란성이라서 몇 년에 한 번씩 봐도 쉽게 구별이 된다. 15개월 무렵, 식당에서의 만행을 기억하는 나로서는 의젓해진 두 아이가 낯설었다. 여섯 살 될 때까지 키우느라 애썼다는 말을 조카에게 여러 번 했다. 제주도에서 온 명선이는 분홍 머리로 나타났다. 오기 하루 전에 미장원에 가서 염색한 거란다. 공주풍 옷에 온갖 액세서리까지 달았다. 요새 유치원생들에겐 그게 유행이라나 뭐라나.

이 모든 아이들에게 나는 '할머니'다. 내 아이 셋이 아직 미혼이라서 익숙한 호칭은 아니지만 금세 입에 붙는다. 오가는 손님 덕분에 추석 연휴 내내 바빴다. 그리하여 그 많은 음식을 다 팔았으니(?) 장사 한번 잘한 셈이다. 비록 수액의 도움을 받았고, 맛있는 음식 놔두고 쌀죽 끓여 먹는 신세였으나 이만 하면 이번 추석 잘 쇠었다.

사모곡

엄마가 가셨다. 요리 솜씨가 좋아 별것 없는 간단한 재료로도 맛난 음식을 뚝딱 만들어냈다. 집안 형편에 맞지 않게 공부를 잘했던 사남매를 대학까지 보내느라 안 해 본 일이 별로 없어서 동네에서 '장군' 소리를 들었다. 그러나 가장의 역할을 대신하느라 여자로서의 삶은 지극히 불행하고 힘이 들었던 그 엄마는 예고편 없는 영화처럼 세상에서 사라졌다. 올해 추석 무렵이 팔순인데……. 그 팔순을 석 달 남겨 두고 일어난 일이다.

아침 출근 준비를 마치고 집을 나서려던 무렵 휴대폰이 울렸다. 여즉 미혼으로 엄마와 함께 살던 남동생의 이름이 화면에 떴다. 평소에 먼저 전화하는 법이 거의 없는 데다 일상적인 전화를 하기에는 이른 시간이라 가슴이 철렁했다. "누나, 엄마가 숨을 쉬지 않아."

눈앞이 캄캄했다. 꿈속에서 듣는 이야기 같다. 119구조대원들이 심폐소생술을 하고 있다니까 한 가닥 희망을 놓지 않는다. 운전할 자신이 없어서 남편에게 전화를 거는데 손이 달달 떨린다. 말을 하려니 울음이 막 터져 나온다. 그 아침을 생각하는 것만으로도 나는 평정심을 유지할 수가 없다. 전날 밤 회식 끝내고 늦은 시간이라 인사도 없이 제 방에 들어간 동생이 출근하는 길에 인사차 들렀더니 엄마는 이미 가셨더란다. 지금껏 해주는 밥만 먹고 살아서 라면 끓인 것 외에는 할 줄 아는 게 없는 남동생과 낮인지 밤인지도 모른 채 자신만의 세계에 갇혀 사는 치매 걸린 아버지를 두고 어떻게 그 먼 길을 떠나셨을까. 드라마나 소설에서나 보던 일이 내게 일어났다.

엄마는 봄부터 보성에 있는 주말주택에 가고 싶어 하셨다. 작년 가을에 혼자 외출하셨다가 구덩이에 빠져 겨우 일어났다는 말을 들은 이후로는 '출입 금지'라고 못을 박은 터였다. 그러기에 "나 느그 집에 한 번 가면 안 되겠냐?" 몇 번 하셨는데도 부러 시간을 맞추지 않았다. 몇 번을 미루다가 겨우 날 잡아 도착한 보성에는 부슬부슬 비가 내리고 있었다. 옷을 갈아입자마자 지난 주말에 끝내지 못한 고춧대를 묶었다. 곧 땅거미가 내리고, 이미 수산물 시장 마감 시간이 지나 있었다. 고기도 생선도 없는 풀밭으로 밥상을 차렸는데도 찐 호박잎에 갈치속젓을 넣어 맛나게 드셨다. 엄마랑 단둘이 한방에서 자는 건 결혼하고 처음이었다. 그 밤에 도란도란 이야기나 좀 할걸. 주무시는데 나는 스탠드를 켜고 밤늦도록 책을 읽었다. 엄마 가시기 4일 전 일이다.

병원 진료가 끝나고 화순에서 늦은 점심으로 순대국밥과 콩나물국밥을 먹었다. -아아, 오후 3시 넘어 문 여는 곳은 그런 데밖에 없었다- 밥값은 만2천 원이었다. 배가 많이 고팠는지 내가 남긴 밥까지 드신 엄마는 지갑에서 꼬깃꼬깃 돈을 꺼냈다. 점심 사 드리려고 조퇴하고 온 여동생이 밥값 계산은 자신이 하겠다며 카드를 내밀었다. 엄마의 손에 든 현금을 받으면서 "싼 것은 엄마가 내고, 비싼 건 다음에 따님이 내세요." 하던 식당 주인의 음성이 귀에 쟁쟁하다. 3일 전이다.

친정 가까이 살기에 나는 다른 형제들에 비해 받은 게 참 많다. 결혼 후 지금껏 엄마가 담가 주는 김치를 먹었다. 김장하는 날이면 동네 아주머니의 품을 사서 김장해 놓고 내게는 가져가라고 전화하셨다. 장날이면 생선도 먹기 좋은 크기로 잘라 소금으로 간까지 해서 주셨다. 깐 새우, 바지락살, 찧은 마늘은 일 년 내내 떨어지지 않았다. 방앗간에서 지켜 서서 짠 고소한 참기름을 먹었다. 그런데도 몇 푼의 용돈으로 할 도리를 다 한 양 착각하고 살았다. "엄마, 고춧가루가 떨어졌어요, 열무김치가 먹고 싶어요." 딸이 시집간 지 30년이 되었는데도 평생 딸자식을 에이에스(AS)해 주었다.

하느님이 세상을 다 관장할 수 없어서 대신 내려보내 주셨다는 엄마가 이제는 없다. 부부, 형제, 친한 친구 간에도 한 가지를 주어야 한 가지를 받을 수 있는 세상. 일방통행 내리사랑은 부모밖에 없는 듯하다. 어떤 이는 누구나 한 번은 겪어야 하는 일이라고 위로한다. 또 다른 이는 평생 동안 자식의 가슴에 '엄마'라는 이름만 들어도 그리움에 사무치게 만들어 놓은 욕심 많은 사람이라고 한다. 매일 오후 두 시면 모여서 놀던 엄마 연배의 동네 분들은 5년만 더 살다가 이리 갔으면 죽을 복 타고난 사람이라고 부러워했을 텐데 너무나 아깝다고 한다.

여름이 가고 있다. 긴 장마와 코로나19로 그 어느 해보다 길고도 잔인했던 여름이 자리를 내주고 있다. 어떻게 이 여름을 견디어 냈는지 모르겠다. 아무런 예고 없이 이뤄진 이별 앞에서 나는 무기력했고 허둥댔다. 혼자 있는 시간이면 눈물을 참을 수 없었다. 툭툭 튀어나오는 엄마의 부재를 실감하는 순간이 아직은 힘들다. 그 골목 끄트머리에서 이제 막 담근 김치를 들고서 내 차가 오기를 기다리고 서 계실 것 같다. "뭐 하냐?" 늘 하던 목소리로 흔연스럽게 물으실 것 같아 '우리 엄마'라고 저장된 전화번호를 차마 지우지 못했다. 시간의 위대함을 믿지만 아직은, 아직은 우리 엄마를 놓을 수가 없다.

'엄마! 엄마의 딸이어서 행복했습니다. 우리 4남매 키우고 공부시키느라 참으로 고생 많았습니다. 어려운 시절을 함께 헤쳐 온 연대감으로 형제간에 의지하며 정답게 살아가겠습니다. 엄마는 가고 없지만 나와 동생들 가슴속에 심어진 엄마는 해가 갈수록 더 크고 무성한 나무로 자랄 것입니다. 부디 저세상에서는 능력 있는 서방님 만나 사랑하고 사랑받으며 알콩달콩 재미나게 사세요. 엄마, 부디부디 좋은 곳으로 가세요.'

남편은 택시 운전사

일요일 오후, 아직 해가 넘어가기도 전인데 벌써부터 노랫소리가 들린다. 2층 노래방에서 난다. 거의 30년을 아파트에서 살다가 상가 건물 3층으로 이사 온 지 넉 달째다. 역시 인생은 계획대로 되지 않는다. 아파트가 아닌 주택, 게다가 상가 건물에 살게 될지는 꿈에도 몰랐다.

직장에서 35년을 근무하고 퇴직한 남편은 택시 운전사가 되었다. 다시 직장을 구할 때까지 아홉 달의 고용보험을 받을 수 있었으나 그러지 않았다. 젊어서부터 퇴직하면 '택시 기사'가 되겠다고 공공연하게 말해 왔다. 본사가 있는 포항까지 왕복 7~8시간이 걸리는 거리를 하루 만에 다녀왔다. 그뿐이랴. 인천에 있는 송도 사무실까지 다섯 시간 운전해 가서 단 30분간 면담하고 돌아오는 일도 많았다. 긴 장거리 운전에도 휴게소 한 번 들르지 않았다고 자랑했다.

퇴직한 선배들이 다시 하청 회사에 취직해 동료들에게 구걸하다시피 아쉬운 소리 하는 것도 정말 못마땅하단다. 처음 한두 번은 선배 얼굴 보고 어떡하든 도와주겠지만 그 이상이 되면 서로 간 민폐란다. 전관예우의 혜택은 어디든 조금씩 있는 모양이다. 자기는 결코 '철 밥'(포스코 철강회사를 빗댄 말)을 먹지 않겠노라고 큰소리쳤다. 어제까지의 '갑'이 이제는 '을'이 되어 아쉬운 소리하기 싫다는 뜻일 게다. 그러면서 마음 편하게 욕심내지 않고 유유자적 운전이나 하겠단다. 아니, 운전이 유유자적 심심풀이 땅콩으로 할 수 있는 일인가. 본인은 물론 남의 생명을 책임지는 일이 아니던가.

그때마다 나는 반대했다. 택시 운전사를 바라보는 사회적인 시각도 좋지 않을뿐더러 평소 운전 습관도 안전과는 거리가 멀어서다. 성격이 급해 과속과 급정거에다 샛길로 가서 기껏 차례 지켜 오는 차량 앞에 무리하게 끼어들기도 예사이다. '이번에는 절대로 차에서 다투지 말아야지' 하고 길을 나서지만 그런 다짐이 무색하게 도착할 무렵이면 기분이 상하기 일쑤이다. 그런데도 운전을 직업으로 삼다니, 어떻게 이리도 자신을 모를 수가 있나 기가 막혔다.

퇴직 한 달 만에 택시 회사에 취직했다. 일반 영업용 택시를 몰기는 껄끄러웠는지 택시를 사서 지입 형식으로 들어갔다. 그 덕에 일반 기사들이 내는 사납금은 내지 않아도 되었다. 영업용 택시 3년을 몰아 경력이 쌓이면 그때 개인택시를 사겠다고 했다. 일반 직장과 달리 근무 시간이 정해져 있지 않다 보니 아무 때나 나가서 하루 종일 일하기도, 손님이 없다고 금방 들어오기도 했다. 가족이나 친구들 모임이 있으면 시간에 구애받지 않고 쉬었다. 마음 내키는 대로, 누구의 간섭도 받지 않는 일이지만 새 직업에 적응하는 스트레스는 만만치 않은지 집에 오면 잠자기 바빴다. 할증이 붙어 더 많은 돈을 벌 수 있다며 한밤중이나 새벽에 나가는 일도 잦았다. 집 밖만 나가면 돈이 굴러다닌다며 한동안은 즐거워했다. 친구들 모임에 가서는 벌이가 괜찮다고 자랑했다.

그 무렵 코로나19가 터졌다. 여행객은 줄었고, 사적으로 모일 수 있는 인원도 제한되었다. 처음 당하는 공포에 사람들은 밖으로 나오지 않았다. 새 일을 시작하고 불과 한 달 만에 코로나 직격탄을 맞은 것이다. 큰소리 빵빵 치고 시작한 일이어선지 내게는 힘들다는 이야기도 하지 않았다. 간혹 부부 동반 모임에 가서 친구들과 나누는 이야기로 미루어 짐작할 뿐이었다.

점심은 꼬박꼬박 집에 와서 먹었다. 점심 사 먹을 돈이면 몇 탕을 더 뛰어야 한다고 했다. 식사 시간도 일정하지 않았다. 커피도 샌드위치 가게에서 사 마신단다. 카페보다 월등히 싸다는 이유로. 머물지 않고 손님을 찾아 부지런히 돌아다니긴 하는데 최저 시급에도 미치지 못하는 듯 보였다. 돈 쓰기 좋아하고, 기분 내서 몇십만 원 외식도 척척 즐기던 남편은 어디 가고 천 원짜리 한 장 쓰는 데도 벌벌 떠는 사람이 되어 있었다. 어떤 날은 장거리 손님은 없고, 기본요금 3,300원 거리를 다섯 번이나 왔다 갔다 해서 기껏 3만 원 남짓 벌었다며 한숨 쉬었다.

운전을 시작하고 1년쯤 지나서였다. 지인이 원룸 건물을 샀는데 벌이가 쏠쏠하다더라. 우리 동네에 매매 건물이 나왔는데 함께 가 보자. 이 아파트에서 17년이나 살았는데 이사 갈 생각 없냐는 등 갑자기 부동산에 관심을 보였다. 때 되면 월급, 명절 보너스에 성과 상여금이 나오던 월급쟁이가 얼마나 좋았는지 이제야 느낀 것일까. 스스로 움직이지 않으면 단돈 천 원도 벌 수 없는 냉혹한 현실을 실감한 탓이리라. 오죽하면 이런 궁리를 다할까 싶어 남편이 짠하게 보였다.

그사이 가벼운 접촉 사고도 있었다. 원래부터 안 좋았던 허리는 더 나빠져서 결국 수술 날짜를 잡기에 이르렀다. 남편은 직장 다니는 내내 연금을 넣었지만 퇴직하고서도 4년을 기다려야 받을 수 있다. 우리 집이야 현직에 있는 나라도 있어 다행이지만 그렇지 않은 사람은 고스란히 손가락 빨고 있게 생겼다. 아직은 자립하지 못한 자식이 둘이나 있다. 젊은이도 취직이 힘든 판에 퇴직자가 마음에 맞는 직장에 들어가는 건 하늘의 별 따기다. 최저 생계비에도 미치지 못하는 그 연금을 기다리는 남편을 보면서 폐지 줍는 노인이 괜히 생기는 게 아니라는 걸 실감한다.

이사 온 집의 아래층은 하필 노래방이다. 앞과 옆 건물에는 무려 아홉 개의 소주방이 우리 집을 바라보고 있다. 창문을 열어 놓으면 취객의 이야기가 그대로 들린다. 혀가 꼬부라진 그 소리가 아직은 정겹다. 누군가 고단

한 하루 일을 끝내고 마음 맞는 사람과 한잔 하나 보다. 자려고 누우면 노래가 들린다. 익숙한 그 소리가 안 들리면 또 걱정이다. 저렇게 손님이 안 들어서야 어떻게 월세를 낼 것인가. 어서 코로나가 끝나야 할 텐데. 짚신과 우산 장수 아들을 둔 어머니 맘이 된다.

남편은 1년 2개월간의 택시 기사를 끝내고 수술한 허리 재활 운동을 하며 8개월째 백수로 지낸다. 택시도 팔아 버렸다. 그 사이 시댁, 친정 식구 다 모여서 회갑 잔치도 거하게 했다. 평생 집안일이라고는 모르던 사람인데 세탁기 돌리고 - 올해 작동법을 처음으로 배웠다. - 쓰레기도 모아 버리며, 설거지도 간혹 한다. 아직 요리는 못 하지만 필요한 재료를 말하면 사다 주기도 한다. 백수 생활에도 일정한 규칙이 생겨 서너 시간 운동하며 하루를 꽤 알차게 보낸다. 제2의 직업은 비록 실패로 끝났지만 제3, 제4의 직업을 찾아 나설 것이다. 인생의 쓴맛을 야무지게 느낀 그가 또 어떤 일에 도전할지 자못 궁금해진다.

계모의 숙제

아들이 집에 왔다. 명절이나 어버이날에 이틀이나 사흘, 잠깐 손님처럼 머무르다 가곤 했는데 이번엔 여러 날 묵는단다. 지금은 보성 주말 주택에서 일하고 있다. 이 집을 산 지 5년째다. 마당가에 있던 비닐하우스는 여름의 강한 햇볕과 겨울바람에 삭아서 서서히 부서졌다. 조금씩 보수를 했지만 더는 손볼 수 없으리만치 여러 군데 찢어졌다. 오늘처럼 바람 부는 날, 소리를 내며 펄럭이는 비닐 조각을 보노라면 공포 영화의 한 장면이 연상된다. 남편이 보수에 필요한 자재를 재작년부터 사 두었으나 혼자서는 할 수 없는 일이라서 시작할 엄두를 내지 못했다. 그러다가 하필이면 때늦은 2월 한파로 몹시도 추운 어제와 오늘, 모처럼 집에 온 아들과 새 비닐을 입

히느라 바빴다.

아들을 낳는 데는 용기가 필요했다. 이미 딸이 둘이나 있었기 때문이다. '딸 아들 구별 말고, 둘만 낳아 잘 기르자'를 넘어 '잘 키운 딸 하나 열 아들 안 부럽다.'는 가족계획 시기였다. 2개월의 출산 휴가는 있었으나 셋째에게는 의료비나 교육비 혜택도 없었다. 저출산, 고령화 사회로 지자체 별로 '출산 장려금'을 너도 나도 경쟁적으로 주는 요즘과는 너무 다른 시절 이야기다. 그런데 그 모든 게 30년도 채 안 되었다는 게 더 놀랍다.

셋째를 임신했다고 하니 낳으라는 사람보다 말리는 사람이 더 많았다. 시대 분위기도 그렇고 무엇보다 직장생활하면서 아이 셋 키우는 게 보통 일이 아니란다. 아이가 한 명 늘면 두 배가 아니라 열 배, 스무 배 힘들다고 했다. 두 아이와 부른 배 안고 걸어가면 이웃들이 걱정하는 소리가 들렸다. 앞으로만 튀어나온 배 모양이 영락없이 딸이라고, 저 집 딸만 셋 될 거라고 말했다. 그러다가 아들이 태어나자, 나보다 주변 사람들이 더 기뻐했다. 평소에 연락이 뜸하던 사람들까지 소식을 알고 축하 전화를 했다.

아들은, 밤낮이 뒤바뀌어 백일 넘어서까지 힘들게 했던 둘째와 달리 입덧도 잠투정도 별로 없이 순한 아이였다. 두 딸 틈바구니에서 자라기에 큰딸에게도 누나 대신 작은딸이 부르는 대로 언니라고 했다. 눕히면 감고, 세우면 동그랗게 눈을 뜨는 커다란 인형을 등에 업고는 소꿉놀이를 즐겼다. 누나들 놀이에 끼려고 강아지 '토토'가 되어 네 발로 기어다니기가 일쑤였다. 아들이라서 특별히 이쁘고 귀한 게 아니라 내리사랑이라 더 애틋했다.

그 아들이 이번에 취업에 성공했다. 아들은 졸업에 필요한 학점을 다 이수하였는데도 반 학기를 휴학했다. 그래야 직장을 구하는 데 유리하단다. 작년 하반기에는 입사를 꿈꾸는 회사에서 3개월간 인턴으로 일했다. 같은 업종의 다른 회사에 서류를 내서 2차 면접까지는 합격했다. 임원이 보는 3차 면접으로 최종 29명을 뽑는데 코로나 상황이라서 원격으로 진행되었다. 아들은 떨어졌다. 최종심에서 탈락한 아들의 상심은 컸다. 내심 기대가 컸는지 더 좋은 회사에 취직해서 자기를 떨어뜨린 회사에 복수하겠다고 말했다. '네가 잘못해서 그런 게 아니라 시대를 잘못 타고난 거'라고 위로했지만 나 역시 속이 쓰리고 안타까웠다.

풀 죽은 목소리로 불합격 소식을 전하면서 여섯 명 뽑는 회사가 있는데 지원할지 말지 고민이라고 했다. 너무 적게 뽑아 희망이 보이지 않는단다. 다른 취준생도 다 너 같은 마음일 거라며 도전하기를 권했다. 다행히 이번에도 2차 면접까지는 수월하게 통과했다. 조마조마한 가운데 3차 면접을 마치고 설날에 집에 왔다. 최종 발표까지는 열흘 가량 남아 있었다. 입사지원서를 쓸 때마다 군대를 한 번씩 더 가는 것 같단다. 몇 번을 더 이렇게 실낱같은 희망에 기대어 도전해야 하는지 모르겠다며 힘들어했다. 대학 졸업장만 있으면 원하는 곳에 수월하게 들어갈 수 있었던 나 같은 586세대는 얼마나 다행인가. 한편 이렇게밖에 만들어 놓지 못한 기성세대라서 미안했다.

드디어 2월 10일, 합격자 발표일이 되었다. 오후 다섯 시가 넘어 퇴근할 때까지도 소식이 없었다. 낮부터 마음 졸였지만 본인 심정은 어떨까 싶어 아들에게 전화할 수 없었다. 탈락자들의 항의 전화를 받지 않으려고 직원들이 자신들의 퇴근 시간에 맞추어서 합격자를 발표한단다. '지난번에는 이 시간쯤에 전화가 왔었는데, 아직까지 연락이 없는 걸 보니 아무래도 떨어졌나?' 불길한 상상이 이어졌다. 집에 와서 저녁을 먹고 있는데 남편의 휴대폰이 울렸다. 수고했다는 말을 연달아 하면서 남편은 울먹였다. 그렇게 아들은 1,200명의 지원자 중 단 여섯 명만이 들어갈 수 있는 문을 통과했다. 취업 절벽의 시기에 본인의 전공을 살려 원하던 공기업에 합격한 것이다.

대학을 상아탑(象牙塔)이라고 한다. 순수 학문을 지향하는 대학을 비유적으로 이르는 말이기에 단지 취업을 준비하는 곳일 뿐인 요즘의 대학도 이렇게 부를 수 있을지는 의문이다. 직업을 구하려면 최소한 여덟 가지의 조건(스펙)이 필요하단다. 학벌과 학점은 기본이고, 자격증, 외국어 점수, 어학 연수, 공모전 수상, 인턴 경력, 동아리(사회 봉사)가 그것이다. 제한된 시간 동안 이 모든 걸 채우려니 신입생 때부터 그들은 밤늦도록 도서관 죽순이가 되거나 발바닥에 땀나게 뛰어다니며 경쟁한다. 대학 고유의 기능인 '지성과 지혜의 축적'은 물 건너간 지 오래다. 재작년부터 이어져 온 코로나 팬데믹은 그런 상황을 더 부채질했다.

그 모든 걸 이겨 낸 성취라서 아들이 대견했다. 졸업한 지 수년이 지났건만 아직도 취준생인 큰딸이 있기에 기쁨은 더 컸다. 이제 내일 모레면

본사의 오리엔테이션을 시작으로 직장인의 길에 들어선다. 마침 방학이니 본사가 있는 충북 음성까지 데려다 주려고 한다. 아들은 장거리 운전이기에 걱정된다고, 대중교통으로 충분히 혼자 갈 수 있다고 말하지만 이번에는 내 뜻대로 할 것이다. 아들은 수시 면접을 보던 고3 때부터 대학 내내 혼자서 다녔다. 심지어는 기숙사를 나와 원룸으로 이사할 때도 가 보지 못했다. 4년 반이나 다닌 아들 대학이 어떻게 생겼는지도 모르는 엄마가 바로 나다. 이쯤 되면 남들이 계모라고 불러도 할 말이 없긴 하다. 평생직장의 개념이 많이 사라졌다지만 아들의 첫 직장이 어떻게 생겼는지 직접 보고 싶다. 새 일터에서 즐겁게 일하고 조금씩 단단해져서 선임들에게 사랑받는 직장인으로 자리잡기를 빌어 본다. 큰 숙제 하나를 해치워서 후련하다. 아들이 고맙다.

잃어버렸더라면

이번 설날 모임에 광주 여동생이 장염으로 오지 못했다. 친정 형제간 중 셋째로 나와는 일곱 살 차이가 난다. 같은 교직에 있기에 시간 맞추기도 좋고, 마음도 잘 맞아서 방학이면 자유 여행도 여러 번 갔다. 비행기 표와 숙소 예약, 현지 통역까지 모두 동생이 해 주고 나는 따라만 가는 여행이라서 더 부담이 없다.

내가 대학교 1학년이었을 때 동생은 겨우 초등학교 6학년이었다. 맏이인 내가 잘해야 동생들도 따라 한다고 엄마는 동생의 잘못에도 나를 혼냈다. 엄마는 아버지 몫까지 일해야 해서 늘 바빴다. 우리가 자고 있을 때 아침밥을 해 놓고 새벽부터 나가셨다. 저녁 늦게까지 일한 적도 많았다. 초등학교 고학년이 되면서 저녁 식사 준비는 자연스럽게 내 차지가 되었다. 방학이면 동생들 밥 차리고 설거지와 빨래도 해야 했다. 그때나 지금이나 올빼미과인 나는, 아침잠이 많다. 일찍 깬 동생들은 내가 일어나서 밥 차려 주기만을 하염없이 기다렸다.

주말에는 군것질거리를 만들었다. 요리법을 정식으로 배운 적은 없다. 그저 한 번 먹어 본 것을 비슷하게 흉내만 냈을 뿐이지만 모든 것이 궁핍했던 그 시절엔 그조차 별미였다. 밀가루에 약간의 막걸리와 베이킹파우더를 섞어 반죽하여 아랫목에 두면 부풀었다. 그사이 물을 몽땅 부어서 팥을 삶았다. 팥이 거의 익을 무렵에 사카린을 넣고 물기가 거의 없어지도록 약한 불에서 졸였다. 찜기에 베 보자기를 깔고 팥소를 넣어 둥굴납작하게 빚은 반죽을 올려서 찌면 찐빵이 되었다. 호떡이나 튀김도 했다. 달군 프라이팬에 식용유를 두르고 설탕을 넣은 공 모양의 호떡 반죽을 올려서 국대접으로 납작하게 눌렀다. 힘을 균등하게 줘서 옆구리가 터지지 않도록 하는 게 요령이다. 설탕이 흘러나오면 프라이팬은 찐득찐득해지고 달콤한 캐러멜 냄새가 나면서 금세 타 버렸다. 엄마는 밀가루 사 놓기가 바쁘게 없애 버린다고 혼냈다.

동생 돌보는 일도 내 차지였다. 광주 여동생이 아기였을 때였다. 여러 날 젖을 먹지 않고 울기만 했다. 밤에도 잠을 자지 않았다. 이대로 두면 죽을지도 모른다고 했다. 집에 우환이 있을 때마다 굿을 해 주는 이웃의 무당 할머니가 오셨다. 어른들은 동생이 이리 된 건 업고 다니다가 거꾸로 떨어뜨려서라고 단정하며 나를 범인으로 지목했다. 사고가 난 곳으로 가서 굿을 해야 동생이 낫는다면서 그곳이 어딘지 추궁했다. 우리 골목에는 내 또래가 많았다. 친구들이 고무줄놀이하는 동안 동생 업고 있느라고 함께 놀지도 못했던 나였다. 아무리 생각해 봐도 동생을 떨어뜨린 적이 없는데도 어른들의 닦달에 울면서 골목 한 귀퉁이를 가리켰다. 무당 할머니는 그곳에서 푸닥거리했다. 내 이야기는 들어 보지도 않고 화만 내는 어른이 무서워서, 거짓말로 위기를 모면했다는 자책까지 더해져 그 기억은 지금도 선명하다.

그 동생이 대여섯 살 무렵이었다. 학교에서 돌아오니 동생이 없어졌다고 야단법석이었다. 점심 먹기 전에 잃어버렸는데 여즉 찾지 못했다고 했다. 파출소에 신고도 해 둔 상태였다. 집 가까이에 있는 오일장이 열린 날이었다. 할머니와 장 구경 갔는데 잠깐 사이에 손을 놓쳐 돌아보니 동생이 사라졌단다. 예나 지금이나 광양 오일장은 꽤 크다. 백운산과 섬진강, 그리고 남해를 끼고 있어 산과 강, 바다에서 나는 산물이 고루 풍요롭다. 당연하게 사람도 많이 모여서 장날이면 시끌벅적하다. 곡식 파는 곳을 지나면 싱싱한 해산물과 생선 파는 곳이 100여 미터 이상 이어진다.

동생은 사방이 깜깜해진 저녁 무렵에야 찾을 수 있었다. 잃어버린 곳에서 족히 20분은 걸어가야 하는 먼 곳의 가게에서 발견되었다. 어떤 아주머니가 동생 손을 잡고 가는데 아이가 한 걸음 걷고 멈추고, 두 걸음 걷고 버티더란다. "집의 아요(아이요)?" 가게 주인이 물으니 얼버무리면서 아이를 두고 갔다고 했다. 소식을 전해 듣고 한달음에 달려간 엄마를 보고도 동생은 가겟집 아이들과 어울려 노느라고 정신이 없더란다. 어른들은 자식 없는 사람이 유괴했던 건 아닐까 추측했다.

한부모에게서 태어났지만 성향이나 능력은 닮은 듯하면서도 다 다르다. 역할도 제각각이다. 맏이여서 일찍 친정을 떠난 나는 무슨 일 생기면 돈으로 먼저 해결하려고 든다. 막내 여동생은 엄마랑 목욕탕 가서 등 밀어 드리고 오일장에서 팥죽 사 드리는 잔정 많은 딸이다. 반면에 둘째인 광주 여동생은 한때는 아픈 오빠 병원비 대느라고 청춘을 바쳤고- 당연하게 결혼이 늦었다.- 친정 올 때마다 폭풍 잔소리하며 집을 청소하는 등 당차면서도 엄마 생각하는 마음이 지극한 딸이다.

몇 년 전 광주 여동생과 호주 멜버른을 여행했다. 에어 비엔비로 잡은 숙소는 작았으나 깔끔했다. 계획 도시여서 무료 셔틀버스를 타면 어디든 갈 수 있다. 로얄 보타닉 공원을 서너 시간 걷거나, 마음에 드는 찻집에서 오후 내내 차를 마실 수도 있다. 도서관 앞 계단에 앉아서 오가는 사람을 하염없이 쳐다보는 것도 재미났다. 하늘로 쭉쭉 뻗은 야자수가 야라강을 따라 길게 늘어서 있었다. 노천 카페와 레스토랑이 즐비했던 그 도시는 야경이 특히 멋졌다. 군데군데 거리의 악사와 미술가, 공연팀이 있어 오가는 이의 눈길을 사로잡았다. 시간은 느리게 흘렀다. 그냥 거기 가만히 서 있기만 해도 자유가 느껴졌다. 이 좋은 풍경을 우리 둘만 보아서 두고 온 가족 생각에 조금은 외롭기도 했던 여행이었다.

그때 그녀를 잃어버렸더라면 어땠을까. 속절없이 시간이 흘러서 이젠 친구처럼 함께 나이 들어간다. 존재만으로도 든든하고 편안한 동생이 있어서 참 다행이다.

생의 끝에 서면

나는 올해 상복을 두 번이나 입었다. 엄마와 아버지 두 분이 한 달 간격으로 연달아 돌아가셨기 때문이다. '그날 아침, 한 마디 말도 없이 이승에서 저승으로 넘어가는 순간, 우리 엄마는 어떤 생각을 하셨을까? 자식인 우리들에게는 어떤 말을 남기고 싶으셨을까?' 생각만으로 코끝이 매워진다. 분명 엄마도 그렇게 허망하게 세상을 하직하고 싶지는 않으셨을 거다. 친정 가까이 사는 큰딸인 데다, 하나뿐인 남동생이 건강도 좋지 않고 미혼이라서 결혼하고도 집안의 대소사에 관여했다. 우리 엄마가 아프면, 치매라도 걸리면 어쩌지. 엄마가 차려 드리는 밥만 드시는 아버지는 또 어쩌나. 그럴 때마다 내 어깨에 무거운 짐이 얹어졌다. 그런데 그 모든 게 기우였다.

엄마는 호호 할머니로 늙어 보지 못했고, 평생토록 그녀에게 기대던 아버지도 엄마 없는 세상은 딱 한 달밖에 더 살지 못했으니까.

엄마는 일흔이 넘으셔서 더 이상의 경제 활동을 할 필요가 없어지자, 노인복지관에서 운영하는 한글 교실에 꽤 오래 다녔다. 그런데도 평소에 소망하던 '친구들 계모임에서 문서 한 번 잡아 보는 일'을 할 정도의 실력은 되지 않았다. "엄마, 공부 잘 했어요?", "겨우 내 이름 석 자 쓰는 것 배웠다." 전날 전화 통화로 그 한글 학교의 졸업식이 있는 걸 알았지만 직장 하루 빠지면 큰일 나는 줄 아는 나는 참석하지 못했다. 식이 열리는 시청과 가까운 곳에 사는 막내 여동생이 아들 셋을 데리고 꽃다발 사 들고 가서 축하했다. 동생이 이런저런 사진을 보내왔는데, 그 중의 하나가 나를 울렸다. 한쪽에 시화전이 함께 열렸는데 엄마가 쓴 시화의 주인공이 바로 나였다.

딸에게 / 김행자

살림 미천 우리 딸
너는 아들보다 든든한 큰딸
나는 황시 고맙게
생각하면서 날마다
행복하게 살고 있다.

엄마처럼 나 역시 아이들에게 '고맙다'는 말을 하고 싶다. 세 명이나 낳을 생각은 아니었다. 참 웃기는 이야기지만 한 명도 계획 임신을 해 본 적이 없다. 남들에게 야무지다는 소리를 듣는 것과는 달리 실제로는 계획적이지도 않고 허당기도 다분해서 가족 계획 안 하고 미적대다가 생긴 아이. 어쩌지 못해 또 낳고 보니 셋이나 되었다. 그러다 보니 여름 한복판의 8월생 아이가 두 명이나 되어 뿌린 만큼 생일 선물 못 받는다고 아이들에게 원망을 듣는다. 첫 아이 키우는 동안 다시는 아이를 낳지 않을 거라는 말을 입에 달고 살았다. 다른 친구보다 이른 결혼이라 아직 미혼인 친구들이 신혼집에 자주 놀러왔는데 그때마다 나는 그 말을 선언하듯이 했다. 그랬는데 남들보다 많은 셋을 낳았으니, 지금까지 놀림을 받아도 할 말이 없긴 하다.

체력도 약하고 부지런하지도 못한 데다 직장 생활까지 하는 내가 세 명을 낳아 기르는 일은 쉬운 일이 아니었다. 특히 뱃속에 있을 때부터 입덧이 심해 유난히 나를 힘들게 했던 둘째는 낮에는 잘 놀다가 밤이 되면 열이 오르는 일이 잦았다. 응급실로 뛰고, 입퇴원을 반복했다. 딸 둘 낳고 낳은 아들은 많은 사람들의 축복 속에 태어났지만 그 아이를 키워 줄 사람이 없었다. 둘째까지 근 5년 동안 아이를 키워준 손위 시누이는 이미 자기 사업을 시작해 버린 터였다.

어쩔 수 없이 아파트 옆 줄에 사는 이웃을 보모로 구해 아이를 맡겼다. 퇴근 후 아이를 데리러 갔더니 그 집의 다섯 살 된 아들이 침대 위에서 엎드려서 자고 있던 아들 등에 냉큼 올라서며 "현우야, 니네 엄마 왔으니 일어나."라고 깨웠다. 겨우 11개월이던 아들은 잠이 덜 깬 눈으로 일어나서 칭얼대지도 않고 나를 쳐다보았다. 달리 대안이 없기에 못 본 척했지만 가슴이 많이 아팠다. 또 어느 날은 보모 아주머니가 심하게 화를 냈다. 잠깐 한눈파는 사이에 아들이 문이 열린 뒤 베란다로 가서 락스 한 통을 다 엎어 놓았단다. 자기도 아들 셋을 키우지만 이렇게 개구쟁이 아이는 처음 본다고 말했다. 락스가 행여 아이의 여린 피부에 묻었더라면 어쩌나. 생각만으로 머리끝이 쭈뼛거리는 나와는 달리 락스 새로 사 달라며 태평하게 말하는 아주머니가 미웠다. 아이를 맡기는 이상 나는 언제나 을이었다.

아이들 키울 때는 잠 좀 푹 자 보는 것이 소원이었다. 늘 잠이 고팠다. 커피를 마시지 않으면 오후 수업을 할 수 없으리만치 피곤했다. 아이들이 가고 없는 오후에는 책상 위에 엎드려서 쪽잠을 자기도 했다. 먹는 것도 부실할 수밖에 없었다. 남들처럼 정성이 들어간 이유식과 간식, 영양을 고려한 밥상을 차리지도 못했다.

아침잠도 많아서 늘 출근 시간에 쫓겼다. 대접에 담은 밥에 참기름과 달걀 후라이를 넣고 비벼서 식탁 주변에 서서 아침을 먹었다. 큰아이, 작은아이, 막내에게 차례로 한 숟가락씩 먹이고 마지막으로 나도 한 숟가락 먹었다. 한 바퀴가 돌아 차례가 되었는데도 여전히 입 안에서 밥을 굴리고 있는 큰아이의 등짝을 때렸다. 학교 다닐 때도 마찬가지였다. 목걸이 열쇠를 걸고 혼자 집에 돌아온 아이의 간식 한 번을 만들어 두지 못했다. 잠자기 전 동화책을 읽어 주고, 자장가를 불러 주는 일도 사치였다. 알림장을 보고 준비물을 챙기거나, 숙제를 도와주는 일도 거의 하지 못했다.

아이들 생일이 돌아오면 다들 멀리 있어 미역국 한 그릇 끓여 주지 못한 아쉬움을 톡으로 날린다. 부족하고 부실한 엄마여서 부끄럽다고, 그런데도 잘 커 준 것이 고맙다고 말한다. 유언도 그럴 것이다. 너희들 덕분에 한평생 잘 살아서 고맙다고 말하고 싶다. 청춘을 준다 해도 다시 돌아가기 싫을 만큼 힘든 세월이었지만 아마 다시 아이를 셋 낳지 않았을까 생각한다. 하나나 둘만 있는 세상은 그려지지 않는다. 아이 키우느라 울고 웃는 시간이 행복의 다른 이름이었다. 힘들었지만 그래도 세상에 태어나서 가장 잘한 일이 아이를 셋 낳은 거였다고 지금은 당당하게 말한다. 비슷한 듯 보이면서도 조금씩 다른 아이들이 신기하다. 우리 부부를 닮은 구석이 많은 아이를 보면서 그래도 내 인생이 헛되지는 않았다고 생각한다.

며칠 전 사유리가 정자은행에서 정자를 제공받아 아이를 낳았다고 당당하게 밝혀 화제가 되었다. 그녀는 마흔한 살에 산부인과 진료를 받다가 자궁의 나이는 이미 48세이고 머잖아 폐경이 될 것이라는 의사의 말을 들었다. 사랑하는 사람의 아이를 낳고 싶었지만 현재 사귀는 사람이 없는 그녀가 선택할 수 있는 유일한 방법이 정자은행을 찾아 자발적인 '비혼모'가 되는 거였다. 그녀를 바라보는 시선은 조금씩 다르겠지만 나는 그녀에게 박수를 보낸다.

아이를 낳는 것은 세상 누구도 대신해 줄 수 없는 여자만의 특권이다. 소나무는 병이 들면 다른 해보다 월등히 많은 솔방울을 맺는다. 세상에 나랑 많이 닮은 내 흔적이 부지런히 살고 있다는 생각을 하면 마음이 푸근해진다. 부모한테 받은 사랑을 자식에게 갚는 것, 그게 바로 인생이 아닐까. 어느 해 하느님이 부르시면 이 세상을 미련 없이 떠날 것이다. 다만 내가 남긴 흔적, 내 아이 셋이 우애가 있었으면 좋겠다. 어디 있든지 간간이 만나고, 그럴 때면 꾀부리지 않고 자기 일에 충실하게 부지런히 살다 간 엄마를 기억해 줬으면 좋겠다.

'벌' 예찬

서둘러 퇴근해서, 운동 삼아 걸어온다는 남편을 중간 지점에서 태우고 예약된 곳으로 향했다. 자주 그 근처의 식당을 이용했는데 들어보지 못한 이름이다. 내비에 검색해도 상호가 나오지 않았다. 주차하고 주변을 돌다 보니 겨우 작은 간판이 보인다. 분명 오늘 멋진 곳에서 저녁 식사를 한다고 했는데 뭐지 순간적으로 당황했다. 들어가 보니 조명이 근사한 초밥집이다. 겨우 십여 명이 앉을 정도로 좁다. 식비가 사전에 전액 입금되어야 예약이 되는 곳이란다. 메뉴는 '오마카세' 하나뿐이다. 처음 들어본다. 가격표를 보니 인당 7만원이다. 조카가 첫 월급 탄 기념으로 내기에는 과하다.

조카는 둘째 시누이의 막내아들이다. 큰형과는 열네 살 차이가 나고, 작은형과는 띠동갑이다. 중학교 3학년이던 큰형이 반 친구들 모두에게 5백원의 학급비를 걷어 마흔에 늦둥이를 낳은 엄마에게 케이크를 사 들고 온 이야기는 전설이 되었다. 시누이도 낳을 생각은 없었다. 거의 6개월이 다 되도록 남편에게도 알리지 않았다. 주말마다 등산 다니는 것도 멈추지 않았다. 입덧을 거의 하지 않는 데다 몸집도 있는 편이라서 주변 누구도 눈치채지 못했다. 남편이 알고 길길이 뛸 때는 이미 늦은 뒤였다. 함께 살던 시부모님도 반대하긴 마찬가지였다. 혹시 딸이라면 더 나았을까. 위로 아들이 둘 있는데 새삼스럽게 태어난 아들을 가족 모두는 버거워했다.

둘째 시누이는 정이 많다. 손도 크고, 털털하고, 음식 솜씨도 좋고, 마음도 넉넉한 데다 어찌나 이야기를 맛깔나게 하는지 같이 있으면 심심할 새가 없다. 큰딸 낳고 출산 휴가 중이던 내게로 와서 아기를 한참동안 들여다보며, 한숨을 쉬다 가곤 했다. 시어머니는 연로하시고, 친정어머니는 생업에 바빠서 아이를 키워줄 수 없었다. 결국 세 들어 사는 집 주변의 잘 모르는 이웃에게 아이를 맡기고 출근하기로 했다. 그런데 출근을 이틀 앞두고 둘째 시누이가 키워 주겠다고 나섰다. 눈빛 초롱한 아이를 남의 손에 맡기는 게 너무 가슴 아파서 잠을 이룰 수 없다고 했다.

그렇게 시작된 아이 돌봄이는 큰딸에 이어 둘째딸까지 4년 넘게 계속되었다. 초보 엄마라서 모든 게 서툴고 미숙했던 내게 육아 선배로서 많은 것을 가르쳐 주셨다. 두 딸을 나보다 더 큰 사랑으로 키워 주셨다. 본인의 일을 하느라고 어쩔 수 없이 아이 돌봄이를 그만두게 되었는데 이듬해 덜 컥 아이가 생겨 버린 것이다.

아이는 굉장한 개구쟁이였다. 이미 자라 버린 형들과는 놀이가 안 되었기에 주말만 되면 또래가 있는 우리 집으로 왔다. 우리 아이들만 있으면 늦잠도 자고, 배달 음식도 시켜 먹을 수 있겠지만 조카가 오면 그럴 수가 없었다. 편히 쉬고 싶은 내 맘도 모르고 아주 어려서부터 버스를 타고 왔다. 아이 하나가 더 붙은 우리 집은 난장판이 되었고 쉴 새 없이 먹고, 또 편을 나눠 싸웠다. 올챙이 적 모르는 개구리처럼 나는 그 아이, 조카가 미웠다. 겉으로야 크게 내색할 수 없었으나 속으로는 이번 주는 제발 오지 않았으면 싶었다. 그 넘치는 활동을 감당하기 힘들었다. 우리 아이들까지 덩달아 방방 뛰었다. 어디로 튈지 모르는 그 아이를 나는 '벌'이라고 불렀다.

학교에서도 마찬가지였다. 공부 시간인데도 교탁 밑에 숨어 있다가 기겁한 담임 선생님이 밀어 버리는 바람에 귀가 찢어졌다. 공부와는 거리가 멀었다. 교칙을 어겨 부모를 부르는 일도 종종 있었다. 그 사이 공부 잘하던 형들은 대기업과 공사에 들어가서 사회생활을 시작했다. 잘 나가는 형들은 자랑이 되기도 하지만 족쇄도 된다. 늘 비교당했다. 고등학교를 졸업하고 오토바이를 타고 다니면서 피자집 알바를 했다. 한 번은 4년제, 또 한 번은 전문대학에 들어갔으나 두 번 다 중도에 그만두었다. 만날 때마다 수시로 바뀌는 여자 친구의 사진까지 보여 주며 으스댔다. 착했으나 철이 하나도 없었다.

미리 예약된 자리에 6명이 앉았다. '화요' 술도 주문한다. 41도나 되는 술인데 얼음이나 토닉워터도 없이 마신다. 역시 '김씨'들은 대단한 주당이다. 남편과 큰시누이, 둘째 시누이 부부, 그리고 둘째 시누이의 친한 지인 등 6명이 메인과 보조 요리사를 마주 보고 기역자로 둘러앉았다. 표고버섯이 들어간 달걀찜과 비슷한 '차와무시'가 첫 번째로 나온다. 작은 찻숟갈로 한 번 뜨니 없다. 우리가 보는 눈 앞에서 주방장이 직접 만들어서 한 사람 한 사람에게 배급 주듯 한다. 배는 고픈데 속도는 너무 느리다. 한 상에 푸지게 차려두고 배부르게 먹는 데 길들여진 내게는 어색한 풍경이다. 전복찜이 나오고 청어나 전갱이, 참치 뱃살, 가리미 관자, 홍새우, 우니, 아나고로 만든 초밥이 먼저 먹은 게 뱃속에 들어가서 소화될 때쯤 되면 하나씩 나왔다.

오늘 우리를 초청한 조카는 일이 안 끝나서 못 온다고 한다. 코로나로 여섯 명 이상이 한자리에 모일 수 없는 게 더 큰 이유일 게다. 개구쟁이에다 말썽꾸러기였던 조카를 다시 보게 된 건 몇 년 전 그 일이 있고서였다. 뭔가를 잘못했는지 두 형에게 번갈아가며 야단맞고 있었다. 그런데 그런 아이를 시누이 남편이 또 심하게 나무라는 것이었다. 그날은 시댁 가족 모임이라서 다른 가족이 있었는데도 '저놈을 낳는 게 아니었다'며 육두문자를 써 가며 원망을 쏟고 있었다. 이미 20년 넘게 키웠는데 아직도 저렇게 후회하는구나. 눈물 흘리는 조카가 말할 수 없이 짠하게 여겨졌다. 자신의 존재 자체를 부인하는 아버지의 말을 듣는 그 아이의 마음이 어떨지 상상이 안 되었다. 오래전에 나 힘든 것만 생각하고 아이를 마음으로 구박하던 일까지 떠올라서 더 미안했다.

만나면 한 번씩 용돈을 보냈다. 철이 든 아이는 그러지 말라고 했다. "숙모가 너에게 투자하는 거야. 다음에 숙모가 할머니 되면 네가 맛난 거 사 줘. 너는 아직 경제 활동을 안 하니 받아도 돼. 공짜 아니야." 번듯하지는 않지만 기술을 익힐 수 있는 직장에 들어간 조카가 첫 월급 탄 기념으로 우리를 초대한 거였다. 남편은 벼룩의 간을 꺼내 먹지 어떻게 이걸 먹느냐고 하면서도 잘만 먹는다.

우동에다 아이스크림 후식을 끝으로 모든 식사가 끝났다. 한 시간 반만이다. 내 돈 내고 먹으면서 주방장의 눈치를 봐야 하는 이런 불편한 식당에 다시 오고 싶지는 않으나 우리를 초대해 준 조카의 마음이 참 이쁘다. 그동안 자기에게 잘해 준 사람들에게 근사한 데서 꼭 한 끼 대접하고 싶었단다. 힘들게 땀 흘려서 번 한 달 월급의 25퍼센트를 하루 저녁 식사비로 날려 버린 건 아깝지만 그런 마음을 낼 수 있게 자란 조카가 대견하다.

조카의 지금 모습이 전부가 아니라는 걸 안다. 이제 스물여덟의 조카는 무엇이든 할 수 있다. '못난 소나무가 선산을 지킨다.' 잘난 형들은 대도시에서 살고, 조카만 시누이 부부랑 산다. 아직 결혼을 안 해서이기도 하지만 결혼해도 그럴 거라고 공공연하게 말한다. 부모 모시지 않겠다는 여자랑은 결혼조차 안 할 거라고 큰소리치니 믿을 수밖에. 공부 그거 하나만 빼면 나무랄 데 없는- 싹싹하고, 눈치 빠르고, 일머리 좋고, 운전 잘하고, 마음까지 따뜻한- 조카가 어서 자신의 자리를 찾기를 응원한다.

그곳은 날치기범의 천국

어제 인터넷 신문에서 '날치기의 달인'이라고 불러도 손색이 없는 도둑이 경찰에 체포되었다는 기사를 읽었다. 페루의 길거리에서 휴대폰이 울려 전화를 받으려던 한 여성이 어디선가 오토바이를 타고 나타난 남자에게 순식간에 휴대폰을 빼앗겼다. 그녀는 주변의 도움을 받아 곧바로 경찰에 신고했고, 경찰이 추격전 끝에 용의자를 잡고 보니 가방 안에 무려 휴대폰 열세 대가 들어 있었다. 페루에서 고가로 팔리고 있는 고급 기종이더란다. 피해자를 조사하여 시간을 계산해 보니 범인이 불과 한 시간 만에 벌인 일로, 5분에 한 대 꼴로 날치기를 한 것이다. 기사는 다음과 같은 말로 끝을 맺었다.

페루는 자타가 공인(?)하는 남미 최고의 핸드폰 위험 국가다. 길에서 핸드폰을 사용하다간 강도나 날치기범의 타깃이 되기 십상이다. 이는 통계로도 확인된 사실이다. 지난해 페루에서 강도나 날치기범에게 빼앗겨 분실 처리된 핸드폰은 176만 9388대였다.

그 일이 일어난 건 순간이었다. 조금 전까지 우리 곁에 있던 동생이 5미터 쯤 떨어진 곳에서 소리치고 있었다. 빨간 스포츠카의 운전석 옆자리에 탄 사람이 뭐라고 이야기하는 모습도 보였다. 귀머거리인 우리가 어리둥절하며 쳐다보고 있는 사이 우리 중 유일하게 스페인어를 할 줄 아는 작은딸이 소리쳤다. "이모, 어떤 남자가 이모 휴대폰을 훔쳐서 저쪽으로 갔대." 아뿔싸. 동생이 엑스자 모양으로 멘 가방 앞에 꽂혀 있던 휴대폰은 사라지고 없었다. 그곳은 페루 리마에서 비행기를 타고 도착한 쿠스코의 산 페드로(San Pedro) 시장이었다.

쿠스코는 안데스 산맥의 고원에 위치한 해발 3,400미터의 고산 도시로 잉카제국의 옛 수도이다. 스페인이 페루를 침략해서 가장 먼저 정복하고 자신들의 문화를 건설한 곳으로 그 도시의 중심지 아르마스 광장은 이곳이 남미인지 유럽인지 모를 만큼 닮아 있다. 넓은 광장, 잘 가꾸어진 정원과 분수대, 마주보고 서 있는 대성당과 해수스교회가 그렇다. 야마를 끌고 다니며 관광객을 상대로 사진을 찍고 돈을 받는 구릿빛 피부에 키가 작고 머리를 양갈래로 땋은 원주민이 없었다면 유럽의 여느 도시와 다름없다. 남미 최고의 문화유산인 마추픽추를 보려고 1년 내내 관광객이 끊이지 않는 도시이기도 하다.

나와 동생 그리고 큰딸은 지구를 반 바퀴 돌아 페루에 도착했다. 볼리비아에서 통역원으로 5개월째 근무하는 작은딸은 첫 직장의 어려움을 호소했다. 치안이 불안한 나라로 꼭 가야 하나 걱정되었으나 전공을 살려서 인턴에 도전해 보고 싶다는 딸을 말리지 못했다. 그곳을 책임진 60대의 소장은 존칭이라고는 배우지 않은 사람이었다. "야, 너."로 사람을 불렀으며 상식에 어긋난 지시를 수시로 내렸다. 본인의 식사 시간에 맞추어서 저녁을 먹어야 했다. 늦게 먹으면 소화가 안 되어 고통스럽다는 딸의 호소는 받아들여지지 않았다. 깍두기와 김치를 담글 줄 모른다며 무시했고, 사무실 업무 외에도 저녁 준비나 설거지를 강요했다. 일요일이면 교회를 가지 않는 작은딸을 대놓고 비방했다. 그 먼 타국에서 몇 안 되는 한국 사람들끼리, 더구나 그곳을 책임진 리더로서 '자식 연배의 직원들을 아껴 주면 안 되나' 하는 생각에 소식을 들을 때마다 우울했다. 딸의 처지가 안쓰러우면서 소장의 행태에 화가 났다. 딸에게 힘을 주고, 상황도 자세히 알고 싶어서 건강이 좋지 않은데도 무리하게 떠난 여정이었다. 휴가를 낸 딸은 우리 일정에 맞추어 볼리비아에서 페루로 넘어왔고, 함께 마추픽추를 보러 나선 길이었다.

산 페드로 시장은 쿠스코에서 가장 크고 오래되었다. 현지인들을 가까이에서 볼 수 있는 곳으로 시장만 한 곳이 있을까. 특별히 살 것이 없어도 눈요기만으로도 즐거움을 준다. 파는 물건이나 가게의 모습도 나라마다 다르다. 시장 골목에 들어서자 화려한 보따리 위에 물건을 펼쳐 놓고 파는 사람들이 보였다. 우리나라에서 새 차를 사거나, 가게를 열고, '웃는 돼지머리'를 올리고 고사를 지내는 것처럼 페루에서는 새 집을 지으면 '말린 새끼 야마'를 집터에 묻는다. 부자가 된다는 속설 때문이다. 그래선지 새끼 야마 말린 것이 박제가 되어 천장에 대롱거리고 있었다. 지름이 족히 20센티미터는 되어 보이는 커다랗고 둥근 빵을 열 개씩 쌓아서 포장해 두었다. 무엇에 쓰이는지 궁금한 갖가지 풀 말린 것에다 망고스틴, 두리안과 더불어 세계 3대 미과 중 하나로 작은딸이 즐긴다는 치리모야도 산더미처럼 쌓아 놓았다.

산 페드로 시장은 다양한 식재료나 기념품, 과일을 파는 곳으로 유명하다. 특히 망고, 바나나, 치리모야 등의 열대과일을 즉석에서 갈아 주는 생과일 쥬스는 관광객에게 인기가 많다. 잔으로가 아니라 믹서기 한 통을 기준으로 가격을 매기기에 한 잔 값으로 두 잔을 마실 수 있다. 날씨는 덥고, 호텔에서부터 30분 이상을 걸어온 터라 목이 말랐다. 게다가 그곳은 평지에 살던 우리에게는 걷는 것만으로도 지치는 고산병의 도시였다.

때마침 조각 수박을 파는 아주머니가 보였다. 우리나라에서는 볼 수 없는 풍경이라서 신기했다. 단물이 뚝뚝 떨어지는 수박을 먹으며 사람 많은 시장을 걷고 있었는데 그 사달이 난 것이다. 동생은 끈적거리는 손을 닦으려고 잠시 멈춰 서서 가방에서 물티슈를 꺼내던 중이었다. 그 사이 우리 일행과도 간격이 벌어졌고, 날치기꾼의 표적이 되었다. 길가에 세워둔 빨간 스포츠카에서 외치는 소리를 듣고서야 비로소 자신의 휴대폰이 도둑맞은 것을 알았다.

길 건너편에 경찰이 서 있었으나, 우리 이야기를 듣고도 별 반응이 없었다. 아니 애초에 범인이 누군지도 몰랐다. 시장에는 사람이 그득했고, 도둑은 뒤통수를 보이며 걷는 수많은 인파 속으로 유유히 사라졌다. 동생의 휴대폰은 최신폰은 아니었으나 어린 시절 아들이 재롱부리던 모습이 여럿 들어 있어서 꼭 찾고 싶어 했다. 작은딸이 그런 사연을 적어 죄를 묻지 않고 10만원을 주겠다고 제안했으나 끝내 되돌려받지는 못했다. 지역의 경찰서를 가니 관광객은 이곳이 아닌 외국인 전용 경찰서를 가야 한단다. 택시를 타고 가서 분실 신고를 하고 기다리느라고 오후가 다 가 버렸다. 뜻밖에 페루 경찰서를 구경하게 된 것으로는 전혀 위로가 되지 않았다. 귀국 후 여행자보험으로 20만원을 보상받았으나 돈을 주고도 살 수 없는 아들의 한 시절을 잃어버렸다고 동생은 지금도 한탄한다.

페루에서 하루에 분실되는 4,847개 중 하나가 되어 사라진 동생의 휴대폰은 지금쯤 어느 곳에 가 있을까. 벚꽃 날리는 아름다운 천변의 모습을 아무 때고 찍을 수 있고, 가방이나 휴대폰을 탁자 위에 두고 차를 주문하러 가도 분실할까 염려하지 않고, 낯선 사람에게 카메라를 맡기고 단체 사진을 찍어 달라고 부탁하는 게 하등 이상하지 않은 우리나라는 얼마나 좋은 곳인가. 그런 나라의 국민이라서 참 다행이다.

북해도에서

친구와 일본 북해도(홋카이도)로 여행을 떠났다. 이곳보다는 시원하다기에 피서 간다 생각하고 정한 여행지였다. 동행자는 옥과 미, 영과 나까지 모두 넷이다. 옥과 영이와는 초, 중, 고 동창이다. 12년이나 같은 학교를 다녔지만 여고 3학년이 되어서야 처음으로 한 반이 되었다.

3학년 담임은 미혼의 여선생님이셨다. 광주가 본댁이라 자취를 했는데 하필 당숙모 집이었다. 그 때문에 맏딸인 나와 줄줄이 있는 동생들 뒷바라지하느라고 손에 물 마를 새 없었던 엄마 사정도 잘 알았다. 당숙모는 자식이 나 혼자일 때 앞날이 보이지 않는 아버지 따라 살지 말고 도망가라고, 어디 가면 홀몸 건사 못 하겠냐며 엄마에게 밤도망을 권했다. 그런데 내가 눈에 밟혀서 차마 그렇게 하지 못했던 엄마를 측은하게 생각하여 늘 따뜻하게 대하고 챙겼다. 엄마는 그 고마움을 잊지 못해 매년 설 무렵이면 작은 선물로 마음을 표했다. 종갓집 맏며느리인 당숙모는 젊어서 남편을 여의었다. 아들과 딸은 타지로 일찍 출가시키고 나보다 일 년 빠른 늦둥이 아들과 둘이 살았다. 그런데 그 아들조차 대학 들어가면서 집을 떠나게 되니 방을 세놓은 것이었다.

당숙모는 일 년이면 서너 차례 큰딸 집으로 서울 나들이를 했는데 그해에는 좀 길게 다녀온다고 했다. 선생님이 사는 방은 당숙모가 사는 안채와는 떨어진 대문 바로 옆 건물이었다. 미혼의 여선생을 혼자 놔두고 가기 불안했는지 어느 날 당숙모는 집에서 저녁밥까지 먹고 와서, 비어 있는 아들 방에서 잠만 자는 게 어떠냐고 권했다. 혼자는 어색하고 무서워서 불러들인 게 옥과 영이었다. 여름 방학을 며칠 앞둔 날부터 약 두 달 간의 동거가 그렇게 시작되었다.

옥은 나와 한동네 살았다. 우리 집에서 이름을 부르면 대답 소리가 들릴 정도로 가까운 거리다. 그녀의 엄마와 아버지는 하우스 일로 항상 바빴다. 남동생만 셋이 있는 옥이는 아주 어릴 때부터 집안일을 거들었다. 학년에서 키가 가장 작았으나 공부도 잘하고 야무져서 선생님의 사랑을 한몸에 받았다. 그녀를 모르는 사람은 집안의 귀염둥이로 자란 줄 알겠지만, 실상은 고명딸이라는 말이 무색하게 일에 파묻혀 살았다. 그녀 집에 놀러 가면 동생들 밥 차리려고 부엌에 있거나, 온 가족 빨래하느라 수돗가에 있는 게

다반사였다. 일주일 치를 몰아서 하는지 커다란 고무 대야에 담긴 양이 엄청났다. 몇 시간을 해도 끝날 것 같지가 않았다. 그래도 불평하지 않고 묵묵히 자신의 처지를 받아들였다.

영이는 딸만 내리 여섯 있는 집의 둘째이다. 영이가 초등학생일 때 아버지가 돌아가시는 바람에 언니가 고등학교만 졸업하고 생활 전선에 뛰어들었다. 그녀는 전신전화국에 다니며 집안의 생계를 책임지고 동생들을 뒷바라지했다. 학교에서는 늘 유쾌하고 웃음이 많았기에 집안의 그런 사정은 나중에 친해지고 나서야 알았다. 옥이와 내가 한동네 사는 데 비해 영이의 집은 마을과 꽤 떨어진 데다 가로등도 없는 외진 공원을 지나야 했다. 그래선지 걸어서는 20여 분이 넘게 걸리는 학교까지 짐 자전거를 타고 다녔다. 80kg의 쌀 한 가마니도 거뜬히 실을 수 있을 정도로 뒷자리가 넓었으나 그녀가 타기에는 너무 크고 무거웠다.

체구가 작은 옥이가 자전거의 핸들과 안장 사이를 연결하는 프레임에 앉았다. 사람이 앉을 수 없는 곳이어서 조금 오래 타면 엉덩이가 아팠다. 덩치가 있는 내가 넓은 뒷자리에 앉았다. 나랑 체구가 엇비슷한 영이가 모는 자전거를 타고 학교로, 당숙모 집으로, 군것질 가게로, 또 영이 집으로 여름 방학 내내 돌아다녔다. 한여름이라 조금만 타면 땀이 비 오듯 했다. 선생님이 방학을 맞아 광주로 가자 우리 세상이 되었다. 저녁마다 모여서 수다 떠는 재미에 시간 가는 줄 몰랐다. 공부는 낮에 학교에서 하는 것만으로 충분하다고 위안했다. 냉장고를 뒤져 당숙모가 제사 때 쓰려고 아껴

둔 곶감도 먹어 치웠다. 처음에는 한 개씩만 나눠 먹으려고 했는데 너무 맛있어서 도저히 멈출 수가 없었다. 나중에 당숙모에게서 사연을 전해 들은 엄마한테 혼이 나긴 했지만 곶감의 그 달달한 맛은 지금도 잊을 수가 없다. 돌을 씹어 먹어도 맛있을 열아홉의 여름이었다.

여행은 어디보다 누구와 가느냐가 더 중요하다. 사실 북해도는 겨울이 좋다. 춥고 눈 내리는 날이 많아서 1미터가 넘게 쌓이기도 한다. 도로인 걸 표시하는 표지판이 빨랫줄처럼 공중에서 이어져 있다. 스노우 체인을 낀 차들은 그 사이를 꽤 빠르게 달린다. 하늘에는 펑펑 함박눈이 내리는데 뜨끈한 온천에 몸 담그고 바다처럼 넓은 도야 호수를 바라다보면 신선이 된 듯 황홀해지는 곳이다.

겨울의 낭만은 없지만 우리나라보다 조금 시원한 곳이기에 친구들과의 첫 해외 여행지로 선택했다. 보라색 라벤더가 끝없이 펼쳐져 장관을 이루는 '후라노'에 갔다. 아쉽게도 꽃은 이미 지고 없었다. 그 꽃을 원료로 만든 아이스크림은 앉은 자리에서 두 개 먹고 싶을 정도로 맛있었지만 비쌌다. 비행기 타고 여기까지 와서- 당시 엔화 환율이 지금의 1.5배였다- 기대하던 라벤다 평원도 못 보고 실망한 채 숙소로 돌아왔다.

그래. 우리에겐 밤시간이 있어. 숙소 옆 슈퍼에 들러 간단한 장을 봤다. 드디어 내가 준비해 온 것을 내놀 차례다. "짜잔. 깨지지 않게 옷으로 여러 겹 둘러싼 다섯 병의 산*춘 등장이오." 당시 함께 어울리던 친한 언니에게서 여자들이 마시기에 적당한 술이라고 추천받은 터였다. 술을 못 마시는 나와 옥이가 반 병씩 나눠 마시고, 남은 친구 둘이서 하루에 각 한 병씩 마시면 되리라는 생각이었다. 일본에는 술 없을까 봐 그 무거운 걸 여기까지 가져왔냐, 여행 와서나마 현지 술을 맛보려고 했는데 너 때문에 망했다는 구박이 쏟아졌다. 그런데 한 잔, 두 잔 마시면서 기분이 좋아진 친구들은 내 계산과는 다르게 그날 밤에 준비해 간 술을 다 없애 버렸다.

이튿날이 되었다. 술을 주도적으로 마신 두 친구 얼굴이 심상치 않았다. 한 친구는 밤새 토하느라고 잠도 제대로 못 잤다고 했다. 속이 울렁거려 아침도 못 먹었다. 오타루로 이동하는 버스 안에서도 멀미가 심했다. 괜히 내 탓인 듯 미안하기 짝이 없었다. 이곳이 그 유명한 삿포르 맥주의 본고장인 줄 모르고 저지른 실수였다. 특별히 술을 즐기며 잘 마시는 사람도 없으니 그냥 맥주 정도면 적당했을 것을, 여행의 설렘에 과하게 취해 벌어진 일이었다.

항구 도시 오타루는 운하가 유명하다. 주변에는 오래전에 지어진 창고 건물을 레스토랑이나 카페로 개조한 곳이 많다. 당시에는 천장이 높고 지붕이나 벽돌 등의 뼈대가 그대로 드러나 보이는 건물이 마무리가 덜 된 것처럼 어색해 보였다. 그런데 유행은 돌고 돌아 요즘은 우리나라에서도 자주 보인다. 오타루는 영화 〈러브레터〉의 배경지여서 특별히 더 기대했던 곳이다. 1999년에 우리나라에 개봉 당시 "잘 지내고 있나요?"라는 의미의 극중 대사인 "오겡키데스까?"라는 말이 유명했다. 그런데 그곳에 도착해서도 내 친구의 뱃속은 편해지지 않았다. 강변을 따라 늘어선 가스등이 불을 밝히는 밤이 되면 사진에서나 보던 환상적인 풍경이 연출되겠으나, 낮에 보는 그곳은 시시했다.

그러던 차 지인에게서 전화가 왔다. 안부 끝에 술로 고통받는 친구 이야기를 전했더니 특효약이라며 알려준 처방이 걸작이다. 맥주를 마시면 거짓말처럼 속이 편해질 거란다. 반신반의하면서도 밑져야 본전이라며 그걸 사서 길거리에서 마셨다. 어젯밤 취했던 두 친구나, 멀쩡한 두 사람이나 여행의 즐거움은 사라진 지 오래였다. 심신이 편안해야 풍경도 눈에 들어오는 법이 아니던가. 더구나 쉽게 병원에 갈 수도 없는 해외에서는 더더욱.

해장술을 국어사전에서 찾아보면 '전날의 술기운으로 거북한 속을 풀려고 마시는 술'로 나와 있다. 술을 좋아하는 사람이 아침부터 마시기에 그리 부르는 줄 알고 있었는데 아니었다. 과연 뜻풀이는 정확했다. 맥주를 마시고 얼마 지나지 않아 숙취에 시달린 친구 둘은 멀쩡해졌다. 아침을 거른 탓인지 점심도 맛있게 잘 먹었다. 나머지 날은 술 근처에도 가지 않은 채 여행을 마쳤다.

북해도 여행을 다녀온 지 10년이 넘었다. 그 사이 옥과는 작은 오해로 갈라섰다. 그때의 사진을 볼 때마다 잘 살고 있으려나 안부가 궁금해진다. 나는 여전히 모임이 있으면 술부터 챙긴다. 마시진 못하지만 애주가와 오래 살다 보니 종류나 특징에도 빠삭하다. 지금도 여전히 친하게 지내는 그 친구들과 슬슬 여행 계획이나 세워 볼까? 문제는 코로나다.

망각은 축복

작은딸이 자가 격리 중이다. 이 엄중한 시기에 해외에 다녀와서다. 해외 농어촌 원조 사업을 구상하고 추진하는 회사에 다니다 보니 관리하는 나라는 대부분 우리나라보다 정치, 경제적으로 뒤떨어지고 가난하다. 몇 년 전에 다녀온 볼리비아도, 이번의 파라과이도 그렇다. 파라과이는 우리나라에서 접근성이 가장 떨어지는 남미 대륙의 중남부에 있다. 바다가 없는 내륙 국가로 브라질과 볼리비아, 아르헨티나와 국경을 맞대고 있다. 치안이 불안하고, 정치적으로도 혼란이 계속되고 있어 모든 곳이 '특별여행주의보' 지역이다. 그러다 보니 짧은 보름간의 출장이지만 떠날 때부터 돌아올 때까지 내내 마음 졸였다.

코로나 사태가 있기 전에는 멕시코 항공이 인천공항까지 오는 노선이 있어서 좀 나았지만 지금은 그조차 없어져서 오가기가 이만저만 어려운 게 아니다. 중간 경유지 엘에이(LA)공항에서는 무려 22시간 머물다 인천행 비행기를 탔고, 파라과이 호텔을 떠난 지 52시간 만에 집에 와서 마스크를 벗었노라고 소식을 전해 왔다. '일상이 깨져 버린 지금 여러 위험을 안고 일을 해야만 하나' 걱정이 되다가도 '해외에서 살아 보기'가 꿈이었던 아이니 이렇게나마 바람 쐬는 게 다행이라는 생각도 든다.

한 부모에게서 같은 유전자를 받고 나왔는데도 아이 셋은 많이 다르다. 시작은 잘하나 끈기가 부족해 포기가 빠른 큰딸은 나와 닮았다. 그래서 잘 부딪히지도 않고 서로 간에 이해의 폭도 크다. 하긴 그 모든 게 웬만하면 엄마인 나한테 맞춰 주는 딸의 배려 덕분이지만.

작은딸은 세 살 위의 언니에게 밀리고, 남동생에게 치여선지 어려서부터 짜증도 심하고 주장도 강했다. 학교 다녀와서는 문을 요란하게 닫고 자기 방에 들어갈 때가 많았다. 왜 그러는지 이유를 설명해 달라는 요구에 늘 똑같은 대답을 했다. "그냥." 그러고선 문 너머에서 엉엉 우는 딸아이를 보면서 속상했다. 본인의 생각과 다르면 예민하게 반응하고 마음에 안 들면 삐치기도 잘했다.

그러나 작은딸은 커다란 장점이 하나 있는데 그건 바로, 한 번 마음먹은 것을 꾸준히 실천하는 인내력이다. 아침잠이 그렇게 많은데도 공부할 때는 붐비는 출퇴근 시간대를 피해 새벽 여섯 시에 지하철 2호선을 타고 어학 공부를 하러 다녔다. 첫 수업이 아홉 시에 있는데도 말이다. 직장을 다니는 지금도 스페인어 문법과 회화를 꾸준히 공부하고 있다. 어쩌면 그런 끈기가 지방대에다 문과라는 불리한 스펙으로도 '취업 절벽'을 이겨 낸 원동력인지도 모르지만 생활 속에서는 나와 작은 일로 충돌하기도 한다.

작년 1월, 방학을 맞은 여동생, 그리고 딸 둘과 태국 남부의 서쪽 해안에 위치한 끄라비(Krabi)로 여행을 갔었다. 평소에는 마음 맞는 지인들과 패키지 여행을 즐기지만 딸들과 함께 가는 자유여행은 경비도 절약되고 일정도 여유로워서 종종 함께 떠난다. 방콕에서 한 시간 정도 국내선 비행기를 타고 가야 도착하는 끄라비는 접근성은 떨어지지만 아름다운 해변과 훼손되지 않은 섬이 여러 개 있는 휴양지이다. 유명 관광지를 여러 군데 돌아다니며 많이 보는 여행보다는 하루는 스킨 스쿠버, 또 하루는 가까운 해변에 가서 맛난 열대과일 먹으며 노을을 한없이 바라보고, 간간히 리조트 풀장에서 수영하면서 푹 쉬는 것이 여행의 목적이었다.

절벽 아래 그림같이 아름다운 개인 풀장이 있는 숙소에서 5박을 하고 공항으로 떠나는 날이었다. 새벽 여섯 시에 그동안 몇 번 이용한 적이 있는 리조트용 차량에 올랐다. 약 20분을 달려 공항에 도착하는 내내 딸과 다투었다. 팁이 발단이었다. 그동안의 소소한 갈등이 폭발한 거다. 태국 여행의 장점 중 하나는 어디에나 있는 맛사지 가게에서 저렴하게 서비스를 받을 수 있는 것이다. 기분이나 상황에 따라 등이나 발만 부분적으로 받을 수도 있다. 전신 맛사지도 우리나라의 1/5 가격이면 할 수 있어서 여동생과 내가 특히 좋아하고 즐긴다. 하루 일과의 마무리는 언제나 맛사지였다.

큰시누이 부부와 처음 해외여행을 간 곳도 태국이었다. 맛사지가 끝나고 팁을 3,000원만 주라고 현지 가이드가 신신당부했지만 나와 형님은 5,000원을 주고 나왔다. 한 시간 반 동안의 호사가 끝나고 얼굴을 마주 한 맛사지사는 너무 앳된 아가씨였고, 땀을 뻘뻘 흘리며 정성으로 그 시간을 채워 준 수고의 대가로 3,000원을 내밀기에는 좀 부끄러웠다. 그런데 그로부터 20년이나 지났는데 여전히 딸은 맛사지가 끝나고 팁으로 2,000원 이상을 건네지 않았다. 5,000원을 줬으면 하는 나와 여러 번 말다툼이 있었다. 작은딸은 그럴 거면 총무를 엄마가 하라고 했다. 영어를 잘 못하는 내 사정을 뻔히 알면서도 말이다. 이왕 돈 쓰러 여기까지 왔으니 커피 한 잔 값도 안 되는 돈, 기분좋게 팁을 주자는 나와 팁 문화가 없는 태국에 와서 그러는 건 태국의 문화를 존중하지 않는 '선민의식'의 발로라는 딸이 맞선 거다.

"아니 그까짓 팁으로 무슨 '선민의식'까지? 나는 그저 내가 건네는 이 작은 돈이 아침잠 못 자고 나온 저 기사님이 집에 갈 때 기분좋게 사 가는 아이들 과자나 학용품 값이 되기를 원했을 뿐이라고." 기분이 상한 나는 공항에서도, 비행기 안에서도 작은딸과 한마디도 하지 않았다. 앞으로 두 번 다시 작은딸과 여행을 하지 않으리라 다짐한 것은 물론이다.

한때는 결혼은 '나와 다르지만 나만큼 나를 아껴 주는 완벽한 내 편'을 얻는 거라고 생각했다. 시간이 무슨 마술을 부렸는지 30년 세월을 건너오는 동안 '전생의 원수가 부부로 산다'는 말이 딱 맞다는 걸 실감하는 중이다. 작은딸의 끈기와, 잘 삐치는 것은 남편의 유전자 탓이다. '망각은 축복'이라는 말이 있다. 나는 이 코로나만 끝나면 딸들과 함께 떠날 해외 여행을 꿈꾸고 있다. 남프랑스 들녘이나 스코틀랜드 에딘버러 성, 혹은 스리랑카 그 어디라도 좋지 않으랴. 그곳이 어디이든 공용 돈 외에 따로 환전해 가서 내 마음대로 돈을 써 볼 참이다. 똑같은 실수를 되풀이하지 않는 것, 그게 바로 세상 사는 지혜일 테니까. 이제 작은딸의 자가 격리 기간은 일주일이 남았다.

화엄사 봄나들이

구례 화엄사 각황전 앞 홍매화를 보러 가는 길. 오늘은 고속도로 대신 국도로 간다. 길가의 매화가 반쯤 피었다. 겨울도 그 긴 꼬리를 슬그머니 감추었는지 봄 햇살이 따사롭다. 언제 가도 좋은 천년 사찰 화엄사 경내에 들어선다. 화엄사는 국내 최대 목조 건축물인 각황전을 비롯해 다섯 점의 국보와 여덟 점의 보물, 그리고 두 점의 천연기념물이 있는 지리산 최대의 사찰이다. 나무 그대로를 기둥으로 써서 어느 것 하나 같은 게 없는 보제루를 지나 너른 대웅전 앞마당에 다다랐다. 멀리 사람들이 모여 있어 혹여 매화가 피었나 싶었는데 아직이다. 싹눈이 나오려면 한참 멀었다. 지난겨울이 추워서 올해는 게으름 부리는 모양이다. 순천 선암사의 선암매, 금둔

사 납월매는 본 적 있으나, 화엄사 홍매는 처음이라 마음먹고 왔는데 허탕이다. 자연이 하는 일을 인간이 어찌 관장하랴. 아직은 때가 아닌 것을. 다음을 기약하고 발길 돌릴 수밖에.

각황전 뒤편 사사자 삼층석탑으로 향했다. 2016년에 해체되어 2018년부터 약 3년간의 수리를 끝내고 작년 9월에야 일반인에게 공개되었다. 갈 때마다 공사중이라는 팻말이 붙어 있었기에 오랜만의 모습이 반갑다. 통일신라시대 건립되어 경주 불국사 다보탑과 더불어 모양이 특이한 대표적인 석탑이다. 보통의 석탑이 사각형 돌로 기단을 쌓았다면 이 탑은 사자 네 마리가 받치고 있다. 비슷한 크기와 모양으로 어떻게 조각하여 균형을 맞췄는지 신기하다. 오래된 데다 일반적인 형태가 아니어서 국보 35호로 지정되었다. 그런데 세월은 어쩔 수 없었는지 비와 바람에 조금씩 무너지고 균열이 생겨서 이번에 해체하여 수리한 것이다. 원래 석탑에서 나온 석재를 거의 대부분 재사용하여서 더 의미가 깊다.

전에는 소나무 숲에 싸여 있었는데 오르는 길의 나무를 몇 그루만 남기고 다 베어 내어 멀리 지리산 자락이 한눈에 들어온다. 옛 모습을 기억하는 친구는 우람한 동백나무와 소나무를 잘라 내서 아쉽다고 했지만 나는 시원한 눈맛이 오히려 좋았다. 양쪽의 소나무 두 그루가 탑과 잘 어울린다. 산 너머 또 산, 부드러운 능선이 일품이다. 왜 지리산을 어머니 산으로 부르는지 이해가 간다.

대웅전 뒤편의 오솔길을 걸어 작은 계곡을 건너면 구층암이다. 죽은 모과나무가 승방의 기둥이 되고, 가지는 뻗어 서까래가 되었다. 낮은 툇마루에 앉아 햇살 바라기를 한다. 천불보전 부처님 앞마당에는 한눈에 봐도 나이를 꽤 먹은 모과나무가 서 있다. 생명 있는 것과 없는 것이 한자리에서 마주보고 있는 형국이다. 나들이 온 젊은 부부의 어린 자녀 둘이 샘물가에 달린 작은 바가지로 물장난을 친다. 아이들의 웃음소리가 싱그럽다. 작은 화단에 무리 지어 핀 복수초와 수선화의 노란 빛이 기특하다.

맛집으로 유명한 식당에 갔다. 한 시간은 더 기다려야 한단다. 이름과 전화번호를 적고 나온다. 5분 거리의 천은사 둘레길로 향한다. 숲 속 입구에서 오색 딱따구리를 보았다. 우리보다 앞선 부부가 사진을 찍고 있는데도 집 짓기에 여념이 없었다. 검은색의 몸에 흰색 가로줄이 군데군데 나 있다. 닭의 볏처럼 정수리가 붉어서 눈에 확 띈다. 긴 부리로 구멍을 내다가 이게 웬 횡재냐며 감탄하는 우리들 소리에 놀랐는지 종종거리며 나무 뒤로 사라진다. 청량감이 느껴지는 키가 큰 소나무 숲으로 들어선다. 성질 급한 청매화와 산수유가 반긴다. 그 자리에서 자신의 역할을 다할 뿐, 인간의 욕망에 맞추어 피는 건 아니건만 올 들어 처음 보는 봄꽃이 그저 반갑고 고맙다. 긴 겨울 어떻게 이겨 냈는지 그 의지에 박수를 보내고 싶어진다.

한 시간을 돌고 다시 식당으로 향했다. 그 사이 손님이 많이 빠져서 한산하다. 도토리묵과 비빔밥, 수제비 2인분을 주문한다. 오후 두 시 반, 뭘 먹어도 입에 착착 감긴다. 접시 가장자리에 묵을 빙 두르고 한가운데는 고춧가루 양념을 버무린 양배추와 상추가 담긴 도토리묵은 꽃처럼 이쁘다.

쫀득쫀득한 게 맛도 좋다. 도토리묵만 따로 팔 수 있느냐고 물었더니 그건 안 된단다. 얇게 뜬 수제비도, 맑고 시원한 국물도 정성 가득이다. 왜 맛집인지 알 만하다. 셋이서 4인분을 마파람에 게 눈 감추듯이 해치웠다. 정원이 잘 가꿔진 식당 마당에 앉아서 다시 또 해바라기를 한다. 황후의 찬에다, 불어오는 봄바람까지 기분 좋은 오후다.

내 친구 둘은 명예퇴직을 고민한다. 새 학기가 시작되어 만난 꼬맹이 이야기가 한창이다. 둘 다 2학년 담임이다. 해가 갈수록 힘이 딸린다는 하소연도 이어진다. 이러다간 유일하게 승진한 나만 정년을 채우게 생겼다. 원래 대학 친구는 넷이었다. 한 명은 광주로, 셋은 전남으로 발령받았다. 눈에서 멀어지면 마음에서도 멀어지는 건 진리였던가. 우리만은 그런 징크스를 깨고 싶었는데 결국 셋만 남았다. 사는 곳은 꽤 멀지만 한 달에 한 번씩 규칙적으로 만난다. 처음부터 그랬던 건 아니었다. 결혼과 이어지는 출산, 그리고 육아로 꽤 오랜 공백기가 있었다.

마흔이 넘어서 아이를 낳은 친구가 있어서 모이기가 쉽지 않았다. 그 늦둥이 딸이 기숙사가 있는 고등학교에 들어가고서야 꼬박꼬박 만난다. 목포에 한 명, 나머지 둘은 순천에 살다 보니 전남 동부에서 만날 때가 많다. 그런데도 목포 친구는 먼길 마다하지 않고 달려온다. 예전에는 이름난 관광지를 둘러보고 찻집에 앉아 밀린 이야기 나누며 시간을 보냈다. 이제는 무조건 걷는다. 그 길이 유명한 둘레길이 아닌 한적한 시골길이나 골목길이어도 상관하지 않는다.

지난 2월의 임실 나들이에서는 가다가 길이 끊긴 적이 있다. 이정표가 바로 옆에 있는데도 나뭇가지로 여러 겹 막아 놓아 지나갈 수가 없었다. 알고 보니 둘레길은 남의 선산으로 이어지고, 그 후손들이 야무지게 길을 막아 놓은 거더라. 고개를 숙이고 가시에 찔리며 겨우 통과하고 보니 이번에는 하루에 차가 몇 대밖에 지나지 않는 외진 마을이 나왔다. 택시를 불러도 30분이 넘게 걸린다고 했다. 히치하이킹하여 차 있는 곳까지 오고 보니 모험 영화의 주인공이 된 듯 짜릿했다.

색다른 일을 하거나, 멋진 풍경 바라보지 않아도 그저 같이 걷고 이야기 나누는 것만으로도 기쁨이 차오른다. 평소에는 셋뿐이라 외롭기도 했는데 사적 인원을 제한하는 코로나 상황에서는 톡톡히 덕 봤다. 오늘 먹은 보약으로 한 달을 잘 살아 내고 다음 달에 보자며 인사를 나눈다. 돌아오는 길이 배부르다.

빛나리와 금니

초등학교 3학년 때 담임 선생님은 무서웠다. 키가 크고 얼굴이 우락부락한 데다 목소리도 컸다. 걸핏하면 화부터 내고, 전후 사정 들어 보지도 않고 매부터 들었다. 옆 반 담임은 보기에도 나긋나긋한 이쁜 아가씨, 또 그 옆 반 담임은 이제 초임 발령 받은 총각 선생님인데 우리만 50대셨다. 여학생은 봐주기라도 했는데 남학생이 잘못하면 인정사정없었다.

유독 두 아이가 기억에 남았다. 숙제, 일기, 준비물 등의 학습과 관련된 일도 있었지만 하루에도 몇 번씩 친구들과 다투어 선생님께 심하게 맞았다. 공부도 지지리도 못해 늘 반에서 앞서거니 뒤서거니 꼴등이었다. 3학년 때까지는 남자와 여자가 합반이었는데 4학년이 되고서는 갈라졌다. 한

동네 남학생과도 말 한마디 나누지 않은 채 어른이 되었다. 간혹 초등학교 시절을 떠올리면 '매꾸러기'였던 그 아이들은 어떤 어른이 되어 살고 있을까 궁금했다.

마흔 살 무렵에 모교에 근무했다. 초등학교 선배이기도 한 교감 선생님이 총동문회를 조직하면서 우리 기 임시 대표로 나를 뽑았다. 울며 겨자 먹기로 동문회 활동을 하게 되었는데 그곳에서 그 두 친구를 만났다. 마치 기다리고 있었다는 듯 처음 모임부터 나와서 입담을 자랑했다. 한 명은 이미 '빛나리 아저씨'가 되어 있었다. 또래 친구들보다 아무리 좋게 봐줘도 20년은 더 나이 들어 보였는데 넉살이 좋았다. 당연히 결혼한 줄 알았는데 노총각이라고 하여 더 놀랐다.

또 한 친구는 포스코 계열사 과장이란다. 적당히 살이 찌고 배가 나온 데다 웃을 때마다 '번쩍이는 금니'가 보였다. 궁금하던 터라 내심 반가웠다. 고로쇠 물 마시기 번개, 여름 야유회, 가을 산행과 총동문회, 겨울 망년회 등 이런저런 모임에서 개근상을 받을 정도로 얼굴이 보였다. 몇 년이 지나 서로 간에 익숙해지자 오래전부터 어떻게 사는지 궁금했다고 말을 걸었다. 3학년 시절을 기억하느냐고 물었더니 대뜸 욕이 날아왔다. 그 선생님이 돌아가셨으니 망정이지 지금 살아 계셨더라면 가만두지 않았을 거란다. 두 친구에게도 그때의 기억은 아픈 상처였던 거다. 식육점 아들이었던 '금니'는 중학교 무렵에 집에서 고기를 훔쳐다 팔아서 담배를 사 피우고, 친구들이랑 공원에서 불을 피워 구워 먹었다는 무용담을 들려줬다.

'빛나리'는 쉰이 다 되어서야 결혼했다. 인연이 돌고 돌아서 어릴 적 바로 앞집 살던 후배와 했다. 이미 딸 셋을 둔 이혼녀인데도 장모될 분이 반대한다고 낙심해 있었다. 그도 그럴 것이 자랄 때 부린 온갖 말썽을 기억하는 데다 결정적으로 중학교밖에 나오지 않아 가방끈 짧은 것을 문제 삼았다. 명색이 총각이고 돈 잘 버는 직장 있는데, 그 장모님 너무 한다고 함께 분개했다. '빛나리'는 용접 일을 했다. 언젠가는 브라질에 좋은 일자리가 나서 팀원들과 가기를 원했다. 그런데 학력이 발목을 잡았다. 용접 실력으로는 누구에게도 뒤지지 않을 자신이 있는데 학력에서 탈락이라 밤마다 고졸 검정고시를 아내와 준비했다. 함께 가기로 약속한 팀원들 보기 부끄럽다고 한탄했다.

4년을 근무한 모교를 떠나 인근 학교로 전근을 간 이듬해, 4학년 담임을 맡았다. 우리 반 아이들 가정 실태서에서 낯익은 이름을 발견했다. 바로 '금니'의 아들이다. 초임 발령 이후 15년 넘게 고향에서 근무했기에 간혹 친구 아들이나 선배 딸이 우리 반이 되었다. 처음에는 어색하고 부담스러웠으나 이내 익숙해져서 이번에도 반가운 마음이 먼저였다.

금니의 아들 창식(가명)이는 순한 아이였다. 아빠와는 다르게 키가 크고 말수도 적었다. 담임 선생님이 아빠 친구라는 걸 이미 알고 왔는지 처음부터 주눅 든 모습이었다. 목소리는 작았고 말끝은 얼버무리기 일쑤였다. 시험을 보고 나서는 더 그랬다. 매사 의욕이 없고 무기력했다. 숙제도 안 하고 일기도 안 쓰고, 준비물도 챙겨 오지 않았다. 조금이라도 가르쳐 보고

자 방학이면 보충반에 넣어 지도하려 했으나 학교에는 거의 나오지 않았다. 어쩌다 오는 날도 학교까지 5분 거리에 살면서 늘 지각이었다. 참다못해 엄마한테 전화하면 그 소리에 깼는지 잠긴 목소리였다. 창식이 얼굴에서 자꾸만 '금니'의 어릴 적 모습이 떠올랐다.

반복되는 실랑이에 타협점을 찾았다. 그건 포기였다. 어릴 적 그토록 개구쟁이였던 '금니'도 '빛나리'도 건강한 사회인으로 잘만 살아가는데, 학교 공부 좀 못하기로서니 어떠랴. 교사들끼리 만나면 학교 다닐 때 공부 좀 했던 사람은 학교 울타리 안에서 산다고 자조적으로 말한다. 적당히 밥 굶지 않을 정도로 살아갈 뿐, 지위도 부도 아무것도 없다. 자본주의 사회에서는 그저 '돈'이 권력이기에.

얼마 전에 '금니'를 만났다. 코로나19가 터지기 전부터 초등 동창회는 나가지 않던 터라 오랜만이었다. 제자 소식을 물으니, 대학 다니다가 군대 갔단다. 키가 180센티나 된다고 자랑한다. 그래. 학교 우등생이 사회 우등생이 아닌 건 얼마나 다행인가. 학교 공부가 전부가 아니라는 걸 두 친구를 보면서 깨닫는다. 이론으로는 알면서도 실감하지 못했다. 사장의 신임을 받아 오른팔 역할을 한다면서 혹시 아들딸 중에 취직 못 한 사람 있으면 도와주겠노라 말하는 친구의 '금니'가 오늘따라 더 반짝인다. 창식이가 부디 아빠의 허풍만은 닮지 않기를 빌어 본다.

4부

이쁜 내 새끼 밤하늘

이쁜 내 새끼 밤하늘

고양이가 집에 왔다. 나는 고양이가 무서웠다. 영물인 고양이가 주인에게 해코지한다거나, 길고양이가 떼를 지어 사람들에게 피해를 끼치는 이야기를 많이 들은 탓도 있고 친정 어머니가 제일 싫어하는 동물이 고양이라서 은연중 영향을 받은 것일 수도 있다. 한때 추리 소설을 엄청나게 좋아하여 읽었지만 애드거 앨런 포의 대표소설인 고양이 관련 소설은 읽지 못했다. 꿈에 고양이를 볼까 무서워서.

그런데 지금 나는 고양이를 키우고 있다. 퇴근 후면 배변 통이 있는 방에 들어가 뒤처리를 해 주는 것이 일과 중 하나다. 고양이는 아들이 데려왔다. 겨울 방학을 맞이하여 중국 여행을 기획한 아들이 평소에 자취방에서 키우다 데려온 게 발단이었다. 일주일 정도 머물던 아들은 어떻게 얻게 되었는지, 얼마나 사랑하는지, 이쁜 짓을 많이 하는지를 설명하며 맡아 달라고 했다. 첫날 집에 와 있는지 모르고 거실에 들어섰다가 발뒤꿈치 부분에서 낯선 냄새를 맡는 것인지 킁킁대는 고양이 때문에 간 떨어질 뻔했다.

도망갈 곳 없는 아파트에서 동거 아닌 동거가 시작되었고, 고양이 없는 곳을 피해 다녔지만 자꾸 부딪혔다. 틈만 나면 방에 가두라고 잔소리를 했다. 덩치는 호랑이만 한 데다(적어도 내 눈에는 그리 보였다) 페르시안 고양이처럼 색깔이나 생김이 고고하고 이쁜 것도 아닌 그냥 무서워서 잘 쳐다보지도 못하던 동네에서 흔하게 만날 수 있는 고양이였다. 색깔은 또 어떤가? "검은 고양이 네로~ 네로~" 그 노래에 나오는 것처럼 얼룩덜룩하지만 전체적으로 검은 빛이 많았다. 생김이 순하고 부드러워도 호감이 갈까 말까인데 얼룩덜룩한 검정색이라니. 그나마 딱 하나 맘에 드는 것은 이름이었다. 성은 밤이요, 이름은 하늘이, 즉 "밤하늘"이란다. 검은 빛 생김새와 잘 어울리는 아주 낭만적인 이름이다.

고양이가 온 이튿날, 밤하늘을 안고 있던 아들이 나에게 쓰다듬어 보라고 했다. 거절했더니 "엄마는 너무 해!" 한다. 상처 받았겠지만 들어주고 싶지 않았다. 셋째 날에는 안아 보란다. 역시 거절했다. 너 여행 가고 나면 슬며시 현관문 열어 놓겠다는 감정을 표현했다. 많이 서운해했지만 꿈에서도 함께 사는 걸 생각해 본 적 없는 무서운 동물, 딱 그것에 불과했다.

그러기를 1주일여, 아들은 믿음을 완전히 내려놓지 못한 채 중국 여행길로 떠났다. 오로지 우리 부부 책임하에 고양이는 놓인 것이다. 처음처럼 피하지는 않았지만, 여전히 가까이하기엔 너무 먼 당신이었다. 아침이면 사료와 물을 챙겨주고, 밤에 퇴근하여 오면 배변통을 정리하는 일상이 이어지길 사나흘 정도. 그 사이 우리 부부는 주인 떠나고 낯선 곳에 갇힌 채 이뻐해 줄 사람도 없이 온종일 아파트를 지키는 이 녀석을 애잔하게 생각하게 되었다. 행여 현관 비밀번호 누르는 소리가 들리면 소파 저쪽 끝에 앉아 있다가도 현관문 가까이 뛰어와서 귀 쫑긋거리는 게 조금은 귀여웠다. 하루 종일 주인 아닌 주인을 기다렸을 밤하늘. 아들은 나가고 들어올 때마다 아는 체를 하지 않아야 '분리불안증'에 걸리지 않는다고 신신당부했지만, 현관 들어서면서부터 "하늘아" 소리가 저절로 나왔다.

고양이를 완전히 가족으로 인정하고 받아들이게 된 건 그로부터 얼마 지나지 않아서였다. 어느 날 퇴근하고 집에 들어가니 퀴퀴한 냄새가 집 안에 가득했다. '기어이 하늘이가 일을 저질렀구나. 내 이럴 줄 알았어.' 사연인즉슨 먼저 퇴근한 남편이 집에 들어오니 하늘이가 안방에 갇혀서 계속 울고 있더란다. 낮에 일이 있어 들른 친정엄마가 옷장 아래 숨어 있던 고양이를 발견하지 못한 채 문을 닫아 놓고 가셔서 고양이가 방 안에 갇히게 된 것이다. 배변통이 있는 방, 먹이와 물이 있는 거실과도 단절된 채 반나절을 보낸 것이다.

문을 열고 들어서니 퀴퀴한 냄새는 더욱 더 심하다. 그런데 어찌 된 일인지 침대와 이불 위, 화장대 아래 이곳저곳을 킁킁거리고 다녔으나 냄새의 근원지를 발견할 수 없었다. 질식할 것 같은 불쾌한 냄새는 나는데, 이상하다. 그러다가 안방 화장실 양변기 옆 바닥에 있는 배변의 흔적을 발견했다. 익숙한 공간을 떠나 낯선 집에서 산 지 불과 10여 일, 어찌 알고 화장실에다 했을까. 한낱 미물인 줄만 알았는데. 구박했던 만큼 감동도 컸다. 그래, 오늘부터 너는 이 집에 살 자격이 충분해. 똑똑한 하늘이. 오늘부터 너를 가족으로 인정해 주겠어.

세상을 바라보는 시선은 손바닥 뒤집듯 이렇게 쉽다. 태산보다 크고 무거운 '마음'만 고쳐먹을 수 있으면. 마음이 움직이자 고양이는 정말로 우리 가족이 되었다. 털 빠지는 것은 그동안 고장 났으나 사지 않았던 청소기를 새로 사서 해결했다. 청소도 이전보다 더 자주 한다. 한 번이라도 더 자주 품에 안고 쓰다듬어 보려고 남편과 실랑이도 벌인다. 침대 발치에 자리를 잡고 잠을 자는 하늘이는 아침에 뒤척이는 기척이 보이면 그르렁거리며 배 위로 올라와 이불 밖으로 내놓은 내 손바닥 아래로 자꾸만 머리를 디밀며 쓰다듬어 달라고 조른다. 어린아이 하나를 키우듯 손이 많이 가지만 그 모든 수고를 즐겁게 감내하는 것이 신기하다.

화분 위에 올라가 앉기, 그러다가 심심하면 화분 타고 놀며 흔들어서 나뭇가지 말려 죽이기, 이 화분 저 화분 옮겨 다니면서 흙과 돌멩이 거실 바닥에 몽땅 떨어뜨리기, 가족사진 놓인 장식장 위까지 올라가서 액자 떨어뜨려 깨기, 피아노 위에 놓인 인형 바닥에 떨어뜨리기, 겨울 카펫 날카로운 발톱으로 할퀴어 올 풀리게 하기, 화장지 발톱으로 긁어 찢어놓기 등 녀석의 비행은 끝이 없다. 이쁘다고 쓰다듬을라치면 배를 하늘로 내놓고 장난치는 바람에 남편과 내 손은 온통 상처투성이가 되곤 한다.

그런데도 집사의 역할을 충실히 이행하고, '털이 좀 날리면 어때? 키우는 아이도 없는데.' 합리화를 시킨다. 집에 오면 내내 잤는지 부스스한 얼굴로 신발 벗는 현관까지 쪼르르 달려오는 녀석이 반갑다. 행여 보이지 않으면 '하늘아, 하늘아'를 외치며 이 방 저 방 찾으러 다니는 우리 부부. 간혹 산책길에 강아지를 안고 다니는 사람들만 봐도 눈살을 찌푸리던 나는 어디로 갔을까. 그 사람의 상황이 되어 보기 전에는 내 잣대로 남을 함부로 판단해서는 안 된다는 걸 고양이를 키우면서 배운다. 사람이건 동물이건 정 붙이기 나름이라는 것도. '정'을 들이고, 떼어 내는 것도 억지로 할 수 없다는 것도 말이다.

〈이쁜 내 새끼 밤하늘〉이라는 글귀와 내 전화번호가 적힌 금빛 목걸이를 달고 있는 하늘이가 또 사고 쳤나 보다. 우당탕 물건 떨어지는 소리가 들린다.

"너, 이 녀석!"

(2017)

토토의 느티나무

늘 스쳐왔던 익숙한 물건이나 풍경에도 나와 어떤 끈이 닿는 순간, 전혀 다르게 느껴집니다. 몽돌 바닷가에서 주워온 돌멩이, 전신주 아래에 피어 있는 민들레꽃 한 송이도 이야기가 담기면 이전의 그것과는 다르게 느껴집니다. 그림 한 점이, 노래 한 곡도 그렇습니다.

양희은의 〈하얀 목련〉을 들으면 희망이라고는 없던 고3 졸업을 앞둔 그 시절이 떠오릅니다. 대학에 원서를 넣고, 합격일도 지났지만 합격 여부를 묻는 사람도 없었습니다. 그러니 축하해 주는 사람도 당연히 없었지요. 이불 뒤집어쓰고 라디오에서 흐르던 음악이나 듣던 그때, 귀에 꽂힌 음악이 바로 〈하얀 목련〉입니다.

1982년 봄, 3개월 시한부 난소암 판정을 받고 투병 중이던 양희은이 하얗게 피어난 창밖의 목련을 보고 단숨에 노랫말을 써 내려갔다지요. 유서처럼 쓴 가사에 김희갑이 곡을 붙여 1983년에 만들어진 노래입니다. 양희은의 깨끗하고 맑은 목소리와 애절한 가사가 어우러져 처연하게 들렸습니다. 남들은 들어가기 어렵다는 대학에 합격했지만 축하조차 받지 못하는 내 처지를 대신 노래해 주는 듯했지요.

나무도 그렇습니다. 내가 눈길 주기 전부터 늘 그 자리에 머물며 마을의 수호신이 되었을 터인데, 아들을 따라 아침 저녁으로 인사하다 보니 늘어진 가지도 초록을 자랑하는 이파리도, 이젠 단풍을 지나 서서히 옷을 벗어가는 모습도 그렇게 아름다울 수가 없습니다.

아침마다 아들과 출근하는 길목에 있는 느티나무입니다. 마을을 가로질러 4차선 도로가 새로 뚫렸지요. 느티나무를 옮기긴 어려웠는지 나무를 가운데 두고 양쪽으로 길이 났습니다. 도로 한가운데 자리잡은 느티나무는 오가는 이들의 눈길을 사로잡습니다. 다른 데보다 크고 우람하지도, 수형이 아름답지도 않았지만 4차선 도로의 한가운데 있는 나무는 여러모로 신기했지요. 아들과 나는 그 느티나무를 '토티'라고 불렀습니다. 아홉 살 난 아들의 별명이 '토토'였기 때문이지요. 토토의 느티나무는 그렇게 길 한가운데서 사계절을 보냈습니다.

그때부터입니다. 아들은 아침마다 그 느티나무가 보이기 시작하면 인사합니다. 그것도 그냥 말만 건네는 게 아니라 손이 떨어져라 흔들어댑니다.

"토티, 안녕? 어제는 잘 지냈니? 잘 있어, 이따가 봐."

"토티, 안녕? 오늘은 엄마 회식으로 늦게 오거든. 조금밖에 못 봐서 미안해."

이름 짓기에 재미붙인 아들은 출근길에 있는 여러 느티나무에도 각기 이름을 지어 붙였습니다. 아빠 나무 '아티', 엄마 나무 '엄티', 누나의 이름을 딴 '재티와 도티'로 나무 가족을 만들었습니다. 그날 그날의 기분과 일정에 따라 인사는 조금씩 달라졌지만 절대로 인사를 잊는 법은 없습니다. 행여 운전에 바쁜 엄마가 인사를 잊기라도 하는 날엔 여러 번 독촉을 하는 것도 아들의 몫입니다.

어제는 아들의 중간 평가가 있던 날입니다. 등굣길에 토티를 만나서는 이러는 겁니다.

"토티야, 나 오늘 시험 보거든. 꼭 100점 맞게 해 줘."

나머지 네 그루의 나무에도 차례로 기원의 인사를 했음은 물론입니다.

퇴근길에는 "엄티야, 나 시험 100점 맞을 것 같거든. 시험 잘 보게 해 줘서 고마워." 라고 인사를 하는 겁니다.

"100점 맞았어? 진짜?" 확인하려는 내 말에

"아니요. 아직 잘 몰라요. 그런데 예감이 그럴 것 같아요."라고 대답하며 아주 상냥한 인사로 감사를 전하는 겁니다.

오늘은 또 이럽니다.

"엄마, 우리 민티도 만들까?"

"민티? 아, 아! 엄마는 싫다."

"그럼 벌티? 우헤헤헤헤."

말해 놓고도 우스운지 웃음 헤픈 아들 녀석, 깔깔댑니다. 저보다 한 살 많은 고종사촌 형의 이름을 따서 '민티'라고 했다고 천방지축 어디로 튈지 몰라서 붙여진 '벌'이라는 별명에 또 이름을 붙인 겁니다. 어려서부터 장난이 심했던 '벌'은 매주 토요일 오후가 되면 우리 집에 옵니다. 이미 스물이 넘은 두 형은 대학으로, 군대로 가 버려서 집에는 놀 만한 친구가 없기 때문이지요. 걸어서 20분이면 올 수 있는 길을 인라인 스케이트를 타고 오거나, 그 신발을 신은 채 버스를 타고 와서 나를 아찔하게도 하는 녀석입니다.

열 손가락 깨물어 안 아픈 손가락이 없다지만 그래도 유독 이쁜 놈이 있기 마련입니다. 똑같은 잣대를 댄다고 하면서도 그 잣대라는 게 아들에게는 고무줄이라는 걸 고백하지 않을 수가 없습니다.

길을 가다가 혹여 자태가 아름다운 느티나무를 보거든 욕심내지 마세요. 그건 이미 우리 토토가 찜해 놓은 것인지도 모르거든요.

(2003)

느리게 걷기

2005년 9월 8일 목요일 맑음.

제목: 미술시간

나는 그림을 그려다. 나는 친구아고 같이 있는 걸를 그렸다. 점수는 보통일거 같에다. 미술시간이 제일 제미있어다. (중략) 미술시간에 은이가 물을 떠 와라고 했다. 근대 내가 실타고 했는대 은이는 게속 떠와라고 했다. 할수없이 떠와다.

오늘은 기쁜 날. 드디어 명숙이(가명)가 처음으로 일기를 썼다. 늘 받아쓰기만 하던 명숙이가 자신의 생각을 글로 나타낸 것이다. 기쁘다. 교사의 보람은 바로 이런 거겠지. 아이를 가르치고 그 제자가 성장하는 걸 보는 기쁨.

명숙이는 올해 내가 담임하는 아이들 중 한 명이다. 체구는 우리 반에서 가장 작고 말이 없기로도 으뜸이다. 동그란 눈이 귀여워 영특하고 여성스런 느낌을 준다. 옷은 매번 바꿔 입고 오지만 간혹 철에 안 맞는 옷을 입기도 한다. 키가 너무 작아 안스러울 때가 많다.

그런데 명숙이는 글을 읽지 못한다. 3학년인데 겨우 자기 이름밖에 못 쓴다. 지능에 문제가 있는 것도 아니다. 심부름을 시키면 야무지게 해낸다. 묻는 말에도 작은 소리지만 조리에 맞게 말한다. 글을 모르니 아이는 다른 친구들이 쉽게 하는 아침 자습, 일기 쓰기, 실험 보고서 쓰기, 수학 곱셈도 할 줄 모른다. 당연히 주변에 친구가 없다. 그래서 좀 외로워 보인다.

명숙이는 새엄마랑 산다. 때론 밥을 못 먹고 학교에 온다. 늦게까지 일하는 새엄마는 아침에 늦잠 자느라고 아침밥을 챙겨 주지 못한다. 밤이면 한 살 위의 언니랑 둘이서 직접 저녁을 차려 먹는다. 내내 텔레비전을 보고 있으면 밤 열 시가 다 되어 새엄마와 아빠가 같이 들어온다.

올 2월까지 함께 산 친엄마를 수소문해 이렇게 된 경위를 물었다. 유치원을 안 다니려 해서 보내지 않았더니 글을 깨우치지 못하더라는 대답이다. 고집이 세서 가지 않으려는 유치원을 억지로 보낼 수 없었다는 말과 함께 쏟아내는 자기 설움이 한 바가지다. 정작 명숙이와 관련된 이야기는 몇 가지밖에 묻지 못했다.

어떤 이유로든 학교를 2년이나 다니고서도 '나무'나 '바다'같은 아주 간단한 글조차 읽지 못한다는 건 이해할 수 없었다. 올해 2월에야 우리 학교로 전학왔다고는 하지만 서당개 3년이면 풍월을 읊는다고 하지 않던가. 지금껏 2년이나 학교를 다녔는데 학교는 뭘 한 걸까. 까마득하다. 이 아이를 이대로 두기에는 교사로서의 양심이 허락지 않고, 억지로 끌고 가자니 한 짐이다. 다시 1학년으로 보냈으면 딱 좋을 이 아이를 어째야 할까?

목표를 정했다. '명숙이의 탈 까막눈 작전'이 그것이다. 1학년이면 당연하게 이루어지는 글자 익히기가 3학년에겐 버거운 과제이다. 3학년으로서 해야 하는 교육 과정이 있기에 아이를 지도하려면 방과 후밖에 시간이 없다. 별도의 시간을 내지 않는 한 이대로 가다가는 6학년이 돼서도 까막눈에 머물 확률이 높다.

날마다 남겨 간단하고 쉬운 글자부터 가르쳤다. 1학년 교실에 보내면 이제 막 글자를 익히기 시작하는 아이들 속에서 글을 익히는 속도는 빠르겠지만 아이의 마음에 상처가 될 것이다. 날마다 조금씩, 꾸준히 하는 것 외에 무슨 수가 있겠는가. 1, 2학년 선생님이 포기한 이유가 보였다. 아이는 게을렀다. 글자를 보고 쓰는 건 잘했다. 제법 속도도 빨랐다. 그런데 그것으로 끝이었다. 도통 외울 생각을 하지 않았다. 어제 다 익혔다고 생각했는데 오늘 물어보면 몰랐다. 무엇보다 태도가 문제였다. 점심 먹고 들어와 보면 집에 가 버리고 없었다. 아이들을 시켜 데려오게 하였으나 쇠고집이라 끝내 따라오지 않았다. 글을 모르는 불편을 아는지 모르는지, 아이는 도통

의욕을 보이지 않았다.

너무나 여리고 작은 아이여서 엄마처럼 따뜻하게 품어 가며 가르치려 했던 작전을 바꾸어 이제는 호랑이 작전으로 밀어붙였다. 말없이 가 버리거나, 숙제를 해 오지 않으면 혼을 냈다. 여러 번 배운 글자를 전혀 기억하지 못할 때도 마찬가지였다. 아이가 알 때까지 열 번이고, 스무 번이고 반복 학습을 시켰다. 날마다 이어지는 받아쓰기에서 0점이나 10점을 맞는 날이 되풀이되었다.

나쁜 선생님이 되었다. 독하지 않고서는 고집불통인 명숙이를 이길 수 없었다. 손바닥을 맞고도 소리도 내지 않고 눈물만 줄줄 흘려 대는 작은 아이를 보면 가슴이 아팠다. 아이답지 않게 속으로 우는 법을 일찍 배워 버린 아이가 못내 안타까웠다. 살아가는 데 글자 같은 건 별로 중요하지 않아, 불편하긴 하겠지만 인생을 살아가는 필요 조건은 아니라고, 그러니 그깟 글자 정도 몰라도 아무렇지 않다고 말해 주고 싶었다.

약해지면 안 돼. 여기서 주저앉으면 아이는 진짜로 글자를 익히기 힘들 것이다. 고학년 명찰을 달기 전에 자유롭게 글자를 읽고 쓰게 해 주는 것이 올해 내게 맡겨진 책무라고 스스로를 다독였다. 끊임없는 반복과 연습, 쉼 없는 노력으로 아이는 변했다. 조금씩 나아졌다. 하루에 열 개의 문장을 익히고 받아쓰기를 해 통과만 하면 남겨둔 지 30분 만에 보내기도 하고, 안 되는 날이면 세 시간을 붙들어 두기도 했다.

그렇게 한 학기가 거의 끝날 무렵에야 1학년 1, 2학기 단계장을 거의 날마다 백 점을 맞았다. 또 남는 것에도 크게 신경 쓰지 않고 내가 가는 곳이 어디든 따라다니려 했다. 정에 굶주린 아이는 친구들과 노는 것보다 나랑 노는 게(?) 편했는지 몸 아파 가는 병원으로, 때론 배구하고 있는 운동장으로, 선생님들이 모이는 교무실로도 쫓아다녔다. 집에 가 보아야 아이를 반갑게 맞이하고 간식을 챙겨 주는 부모도 없고, 학원을 다니지 않아 특별히 할 일이 없기에 아이는 그렇게 오후 시간을 나와 함께 보냈다. 그리고는 2학기가 시작되었고, 오늘 처음으로 시켜 본 일기를 이렇게 쓴 것이다.

공자는 천하의 영재를 얻어 교육하는 것이 군자의 즐거움 중 하나라고 했다. 오늘 나는 또 하나를 보태고 싶다. 몹시 느리지만 제 몫을 해내는 명숙이 같은 아이를 성장시키는 것 말이다. 아이의 개성을 살려 주고 소질을 계발해 주며, 그들 개개인의 다름을 인정하는 교육이 필요하다는 걸 알면서도 다소 늦고, 처지는 아이들을 함께 몰아갈 수밖에 없는 교육의 현장에서 귀한 깨달음을 얻는다. 느리지만 함께 가기.

(2005)

뒷북치기

이제 돌이 갓 지났을까. 겨우 걸음을 옮기는 앙증맞은 아이가 누나로 보이는 아이의 손을 잡고 탕으로 들어선다. 미끄럼 방지용 양말을 신고 있는 걸 보니 주변에 엄마가 있는 듯한데, 보이지는 않는다. 맞은편 탕에 앉아 있던 50대 아주머니가 아이를 보자 환하게 웃으며 "까꿍" 어른다. 가까이 와 보라는 손짓에 아이는 누나가 있는 건너편으로 가 버린다. 작은 몸짓치고는 걸음걸이가 야무지다. 그런 아이의 뒷모습을 따라가다 보니 내 입에도 저절로 미소가 걸린다. 세상의 중심이 오롯이 나였던, 그래서 아주 잠깐의 부재도 못 견뎌 하던 작고 부드러운 살결을 지닌 아이의 미숙한 엄마였던 때가 그리움으로 다가온다.

세 아이 뒤꽁무니를 따라다니느라 나는 늘 바빴다. 직장도, 가정도 어느 것 하나 잘하지 못하면서 동동거렸다. 아침잠이 많은 아이들을 깨워 겨우 옷을 입힌다. 커다란 그릇에 달걀프라이 한 개를 부치고, 참기름 한 술에 밥 한 공기를 넣고 비벼 아침밥을 만들었다. 식탁 옆에 줄줄 세워놓고 큰아이부터 돌아가면서 한 숟가락씩 먹이고 마지막엔 내 차례였다. 다시 큰아이의 차례가 되었으나 밥알을 세는지 아직도 입 안에는 밥이 가득하다. 겨우 한 술씩을 떠서 먹인 후 큰아이는 아파트 놀이방으로, 둘째, 셋째는 초등학교 병설유치원 종일반으로 데려다주고 서둘러 출근했다. 교실이 있는 4층 계단까지 바삐 오르노라면 뒷골이 당기면서 현기증이 일곤 했다. 아침은 늘 그렇게 시작되었다.

전쟁 같은 세월이었다. 매주 편지를 보내오는 이제 중학생이 된 제자에게 답장 한 장 쓸 수 없을 정도로 팍팍했다. 친구를 만나 차를 마시거나, 보고 싶은 영화 한 편 보는 것도 큰맘을 먹어야 가능했다. 한 명이 감기라도 걸리면 절대로 혼자 앓고 넘어가는 법이 없어서 줄줄이 사탕으로 옮겼다. 어느 해 겨울은 1월 한 달의 반을 이비인후과로 출근했다. 운전을 못하던 시절이라 택시를 타고 오가노라면 차가운 겨울바람이 아이들의 보드라운 뺨을 할퀴고 지나갔다.

종일반 유치원이 끝나는 시각은 오후 5시, 아무리 바쁘게 퇴근을 서둘러도 그 시각을 맞추기는 어려웠다. 아이들은 학교 부근의 길가에서 서성거리며 내가 오기만을 기다렸다. 언젠가는 학교 앞 문구점에 있는 8,000원짜리 인형을 사 주지 않는다고 작은아이가 다리를 뻗고 앉은 채 울고 있었다. 수중에 달랑 100원짜리 동전 하나밖에 없던 큰아이 역시 작은아이의 심술을 당해 내지 못해 함께 울고 있었다. 그런 아이들을 먹이고, 씻기고, 재우고 나면 금방 열두 시가 되었다. 하루만 지나면 수북이 쌓이는 빨래, 잠시 자리를 비우면 어김없이 표시 나는 엄마이자 아내의 자리. 자정이 넘어서야 빨래를 털어서 너는 날이 끝도 없이 계속될 것 같았다.

요즘 나는 혼자 저녁을 먹는 일이 잦다. 1주일에 서너 번의 회식이 있는 남편, 여고생인 두 딸아이는 밤 열 시가 넘어서 집으로 온다. 중학교 1학년인 막내는 이른 저녁을 먹고 학원 가기 바쁘다. 아이 키우느라 이리저리 뛰어다니는 나를 보곤 둘째 시누이가 그랬다. 돌아보면 아이 때문에 종종거리던 그때가 제일 좋은 법이라고. 그때는 그 말의 진실을 몰랐다. 아이를 배 안에 품고 있을 때는 출산의 고통을 감내할 일이 두려웠다. 햇살처럼 환하고 보드라운 뺨을 지닌 아이를 안고 다니는 새내기 엄마가 부러웠다. 내 아이가 누워 있을 때는 아장아장 걷는 아이를 데리고 산책하는 부부가, 꽁무니 따라다니며 치워 주기 바빴던 유아기에는 초등학생 아이를 둔 부모가 우러러보였다.

하지만 이제 더 이상 부러워하지 않는다. 얼마 후면 내 품을 떠날 아이들이라는 생각이 든다. 할 수만 있다면 조금 더 천천히 시간을 묶어 두고 싶다. 끝나지 않고 계속될 것만 같았던 나날이 지나고 너무나 한가해진 요즘에야 나는 시누이가 했던 그 말의 의미를 깨닫는다. 그렇게 뒷북만 치는 게 인생이란 말인가. 세월이 좀더 흘러 아이들이 장성하여 품을 떠나고 나면 아직은 품 안에 자식이 있는 오늘의 나를 분명 그리워할 것이다.

아이는 둥근 통 안에서 물장구를 친다. 꺄르르 퍼지는 웃음소리에 사람들의 얼굴에도 웃음꽃이 번진다. 엄마는 보드라운 뺨에다 얼굴을 부빈다. 간간이 볼에 입을 맞춘다. 보는 사람조차 흐뭇하게 하는 풍경이다. 아이는 곧 자랄 것이다. 초등학교와 중학교를 다니면서 자기주장이 강해질 것이다. 세상의 중심이었던 엄마를 벗어나 친구가 그 자리를 차지하게 될 것이다. 아이가 자라는 만큼 엄마는 흰머리가 늘어 가고 주름이 깊어지겠지. 당연한 세상의 이치를 아주 조금 깨달을 때면, 그녀 아마도 쉰을 코앞에 두고 있지나 않을까?

한비야가 그랬다. '80년 사람의 인생을 하루라고 친다면 마흔 중반인 자신은 이제 점심을 먹고 커피 한 잔을 마시는 시간에 와 있다.'고 말이다. 열심히 일할 수 있는 오후와 일몰이 아름다운 저녁, 그리고 휴식의 밤이 기다리고 있으니 무엇이든 새로 시작하기에 늦은 시간이 아니라는 뜻이리라. 청춘이 더 이상 내 것이 아니지만 아직은 젊지도 늙지도 않은 오늘의 내 모습을 사랑하리라. 뒷북치기가 인간의 어쩔 수 없는 한계일지라도 그래서 더 아쉽고 소중한 오늘이 아닐까. 청춘의 열병으로 흔들리지 않고, 세월의 흐름에 조급해하지도 않고, 순리 대로 흐르다 보면 인생의 큰 물줄기와 만나게 되리라.

(2008)

내겐 너무 아름다운 그녀

글을 쓰는 어깨 위로 피곤이 물먹은 솜처럼 쌓인다. 그것도 일이라고, 부끄러움이 앞서지만 어쩌랴. 생전 안 해 본 낯선 일인 것을, 내 마음보다 몸이 먼저 아는 것을.

내가 사는 섬에는 고구마밭이 많다. 육지에야 노는 땅도 있지만 땅이 한정된 섬엔 손바닥만한 땅뙈기도 그냥 두는 법이 없다. 봄이면 마늘에 고추, 보리밭이 초록 물결을 이루고, 가을이면 섬 전체가 고구마밭 천지가 된다.

윗집 사는 해성이 엄마는 부지런하다. 농사도 짓고, 채소도 가꾸고, 틈틈이 돼지도 기른다. 학교 급식실에서 잔반을 얻어다 먹이고, 돼지우리를 청소하고, 또 아이도 셋 키운다. 이 섬에서 유일하게 돼지를 길러 파는 집이라서 동네의 궂은일과 좋은 일을 먼저 안다. 마당 입구에 걸어둔 대형 양은솥에 물이 끓어오르고, 돼지 멱따는 소리가 온 동네를 들썩인다. 새벽부터 밤늦게까지 나보다 훨씬 가녀린 몸매의 그녀가 하는 일은 끝간 데가 없다.

섬의 늦가을은 고구마 캐느라 분주하다. 고개만 들면 멀리 산등성이 너머로 고구마 순을 걷어 놓은 모습이 한눈에 들어온다. 특히 해성이네는 동네의 빈 밭에 모조리 고구마를 심었기에 그녀의 가을은 더욱 바쁘다. 오늘은 초등학교 일학년 꼬맹이 열두 명과 고구마를 캤다. 아니 엄밀히 말하면 주워서 날랐다.

고구마를 캐는 데는 소가 하는 일이 반이다. 먼저 줄기를 걷어 한쪽에 모아 둔다. 소는 쟁기를 맨 채 "기라죽--, 자라 죽--" 하는 주인의 명령에 따라 고구마 이랑을 갈기 시작한다. 주인과 호흡이 잘 맞는지, 안 맞는지는 높아지는 주인의 말소리로도 알 수 있다. 온 동네가 다 알게 들리는 소리는 윗집 할아버지가 소를 몰면서 내는 소리다. 아무 소리가 없이 밭이 갈아져 있으면 그건 틀림없이 해성이 아빠 솜씨다. 해성이 아빠는 소와 아주 호흡이 잘 맞는다.

소가 미처 지나가지 못한 부분은 호미로 일군다. 쟁기로 깊이 파서 나뒹구는 고구마를 한곳에 모으는 게 우리 아이들에게 주어진 일거리였다. 조그만 플라스틱 바구니에 담아 나르게 했더니, 모습도 가지가지다. 친한 친구와 손을 맞추어 양쪽에서 들고 나르는 녀석이 있는가 하면, 힘자랑하는지 허리까지 차는 양동이에 가득 담아서도 나른다. 시골 살아도 태반이 이런 일을 안 해 본 아이들이다. 쉬지 않고 떠드는 게 흡사 종달새 같다.

나도 몇 이랑을 일구며 고구마를 캔다. 금세 허리가 아프다. 엉덩이를 내리자니 호미 쥔 손이 천근이고, 올리니 온몸이 뻐근하다. 장갑 낀 손바닥도 붉게 변했다. 호미를 왼손으로도 잡아보고, 오른손으로 옮겨도 보지만 큰 차이가 없다. 다시 양동이를 들고 나르기 시작한다.

겨우 한 시간 30분의 노동에 파김치가 되었다. 아이들도 슬슬 꾀가 나는 모양이다. 어디서 보기는 했는지 일렬로 선 채 그 작은 고구마를 손에서 손으로 이어 가며 바구니에 담는다. 진도가 나갈 턱이 없다. 그래. 초등학교 1학년에게 뭘 바라. 그저 일도 놀이처럼 해 보는 것이지. 잠깐의 노동에 두 손 든 사이 벌써 며칠째 고구마밭을 붙들고 있는 해성이 엄마의 허리는 더욱 가늘어진다. 이런 날이 보름쯤 이어지면, 가을은 멀찍이 달아나 버리고 바람은 제법 코끝이 시리다.

고구마는 종자용과 수매용으로 가려진다. 경운기도 못 들어가는 경사진 밭고랑 사이를 박물관에서나 구경할 수 있는 지게를 이용하여 큰길까지 져 나른다. 등치도 크고 힘이 좋은 해성이 아빠지만 경사 심한 곳에서 져 나르는 건 보통 일이 아니다. 그걸 다시 트럭에 싣고 잔교(부두에서 선박에 닿을 수 있도록 해 놓은 다리 모양의 구조물) 부근에 몇 날이고 쌓아두면 이 섬에서는 드물게 보는 아주 큰 배가 수매하러 온다. 이때쯤이면 하루 두 번, 배가 들어오는 시간 말고는 인적 뜸한 잔교가 시끌벅적해진다. 대부분이 과자나 소주 회사에 팔린다는 울퉁불퉁 고구마가 수천 가마니 쌓이고, 조금이라도 배에 올리기 편한 좋은 자리를 차지하려고 암암리에 경쟁이 벌어진다. 한 집에서 보통 몇백 가마니를 수매하기에 늦게 캔 집은 그만큼 잔교에서 멀리 쌓아 두게 되고, 배에 싣는 일손도 만만치가 않게 된다.

작년에 해성이 엄마는 300가마 넘게 수매했다. 재작년엔 한 가마니에 7,000원, 작년엔 6,000원이었다. 올해는 가격이 어떨지 모른다며 한숨짓는 그녀를 본다. 그렇게 부부가 힘들여 300가마를 수매해서 손에 쥔 돈은 180여만 원. 초여름부터 종종거리며 고구마순을 품 얻어 심고, 가뭄이라도 들면 일일이 물 주며 공들이고 힘들여 캐서 잔교까지 져 나르는 수고에 비하면 너무나 적은 돈이다. 웬만한 월급쟁이의 한 달 월급에도 미치지 않는다. 그런 이야기를 들을 때마다 농민의 어려움이 피부로 느껴진다.

앞날이 나으리라는 희망이 없다면 얼마나 팍팍한가. 인생의 종착역이 죽음이라는 걸 알면서도 최선을 다해 하루를 살아간다. 살아 볼 만하고, 도전해 볼 만한 가치가 있다고, 믿고 또 속으면서 어제보다 나은 내일을 꿈꾼다.

자녀 교육으로 육지로 떠난 전임 목사님 대신 좋은 목사님을 보내 달라며 철야 기도 하는 부부의 모습은 경이로움 그 자체이다. 선한 웃음의 그녀의 어느 곳에 그런 강함이 숨어 있는지 모르겠다. 힘든 노동의 흔적은 지울 수 없어 나보다 연상으로도 보이는 그녀의 뒷모습은 그래도 아름답기만 하다. 순간에 최선을 다하며 씩씩하게 살아가는 해성 엄마, 파이팅!

(2000)

미운 오리 새끼를 위하여

며칠 전 '미운 오리 새끼' 모임의 회원 중 처음으로 자녀 혼사가 있었다. 코로나 3차 대유행 시기이고 결혼식도 우리 지역이 아닌 경기도 부천에서 열리는지라 아무도 참석하지 못했으나 감회가 새롭다. 시간의 흐름을 거의 느끼지 못하고 살다가 앨범을 보거나 아이들 자라는 소식을 들을 때면 실감한다.

미운 오리 새끼. 93년에 조직되었으니 햇수로 28년이나 된 정말 오래된 모임이다. 햇병아리 교사 시절 안데르센 동화의 미운 오리처럼 관리자에게 구박받던 일곱 명의 여교사들로 이루어진 모임이다. 당시 우리 학교는 한 반에 40명이 넘는 아이들이 45학급이나 될 정도로 컸다. 교장 한 명에 교감 두 명이 있는 복수교감제가 전남 최초로 도입된 곳이기도 했다. 가까이에 공단이 들어서면서 갑자기 규모가 커졌기에 시설은 낡았고 교실은 부족해서 1학년과 2학년이 대도시의 학교처럼 일주일 단위로 오전과 오후에 교대로 등교했다. 또 교사 중에는 공단에 근무하는 남편을 따라서 옮겨온 타 지역의 교대를 나온 사람도 많았고, 전국 팔도강산에서 일자리를 찾아서 모여든 근로자나 일용직 자녀들이 많아서 학교는 안정되지 못하고 늘 어수선했다.

'개도 만 원짜리를 물고 다닌다', '모 선생님이 학부모로부터 냉장고를 선물 받았다네.' 등의 실체도 없는 유언비어가 하루가 멀다 하고 쏟아졌다. 학교를 옮길 때 유행하는 말 중에 '청부(지금의 시설관리직 주무관) 빽도 없는 사람이 5학년 담임한다'는 말이 있다. 6학년 담임은 제자를 기르고, 1, 2학년은 수업 시수가 적고 운 좋으면 학부모 떡고물을 기대할 수도 있다. 3, 4학년은 학교 질서에 좀 적응하여 생활지도가 편한 데다 수업 시수도 고학년보다는 적어 인기가 있었다. 그에 비해 이미 학교를 4년이나 다녀 아이들은 드세고, 수업 시수는 많고 행사가 끝나면 쓰레기 줍기나 식장 정리하기 등의 허드렛일에 동원되기도 하는 5학년은 반사 이익이 거의 없어 선생님들 간에 기피 학년이라서 생긴 말이다. 나는 그 학교에 근무하는 4년 동안 5학년을 무려 세 번했다. 아무리 20대의 저경력 교사라지만 희망하지도 않는 학년에 3년이나 배치하는 건 다른 누군가를 원하는 자리에 심어 주려는 농간이 아닐 수 없다.

학년과 업무 분장은 모두 ㅈ 교감이 알아서 했다. 인사 원칙도 없이 실권자인 그의 손끝에 모든 권한이 집중됐다. 정년을 앞둔 교장은 두 교감에게 전권을 일임했고, 그중 한 분은 허수아비가 되어 젊은 교감이 전횡을 휘두르는 걸 지켜보는 위치였다. 그는 고등학교 졸업자를 대상으로 4개월에서 6개월의 교육을 받고 당시 부족했던 교원 수급 문제를 해결하려고 설치한 '교원 양성소' 출신의 신규 교감이었다. 그중에서 본인이 가장 먼저 교감으로 승진했다는 걸 공공연히 자랑했다. 어떤 사람에게는 너무 쉽게 되는 일이 다른 사람에게는 그렇지 못했다. 사람에 따라 되기도 하고 안 되기도 하는 고무줄 자를 가지고 있는 게 특징이다.

미운 오리는 경력이 5년 미만이 다수였다. 아직은 교직이란 데가 어떤 곳인지 배워 가는 단계였다. 자기 일은 열심히 하되, 부당하다고 생각하는 일에는 작을망정 목소리를 냈다. 그래 봤자 쟁쟁한 선배들 틈바구니와 학교를 쥐락펴락하는 교감의 등쌀에 무시되기 일쑤였지만 시킨 대로 고분고분 따라 하지는 않았다. 명절에 윗분들께 인사하는 미풍양속(?)도 따르지 않았다. 자연히 ㅈ 교감의 눈 밖에 날 수밖에 없었다. 좋은 게 좋다는 식으로 편하게 사는 방법을 따르기에는 우리는 너무 젊었고 정의로웠다.

2부제 수업으로 교무실에는 교감 외에 오후에 수업하는 7~8명의 교사가 더 있었다. '오늘은 교감 선생님의 기분이 몹시 나쁘니 눈에 안 띄는 게 좋을 거야. 오늘은 ㅈ 교감의 기분이 좋아 보여. 결재 맡을 일 있으면 오늘 중으로 처리하렴.' 소문은 바람을 타고 날마다 날아들었다. 대학을 나온 사람이 대부분인 지성인 집단에서 게다가 아이들을 가르치는 교사가 자기 주관이 없이 관리자의 기분에 따라 휘둘리는 그 사태가 새내기 교사였던 미운 오리들의 눈에는 한심하기 짝이 없었다. 그 교감의 전횡을 말리지 못하고 본인들에게 잘해 주니 못 본 체 넘어가는 원로교사들도 비겁하긴 마찬가지였다.

강한 사람에게는 약하고, 약한 사람에게는 한없이 강한 힘을 발휘하는 그의 눈에는 풋내기 주제에 시킨 대로 하지 않는 미운 오리들이 눈엣가시로 보였을 거다. 수업 마치기 5분 전, 아이들이 수학익힘책 풀이를 하는 동안 잠시 의자에 앉아 쉬고 있노라면 다음 날 전 교원이 모인 자리에서 불호령이 떨어졌다. "정년이 1년 남은 선배 선생님도 다 서서 수업하고 계시는데 새파란 5학년 모 여선생은 앉아서 수업을 하고 있는데 어떻게 생각하십니까?"라며 망신을 줬다. 그 모 여선생이 임신 중이거나 입덧으로 힘들어하는 형편은 전혀 고려하지 않았다. 회의가 끝나면 모여서 그 선생이 누군지를 찾느라고 분주한 동료 교사의 모습에서 더 배신감이 느껴졌다.

가풍에 따라 가정의 모습이 다른 것처럼 학교 역시 어떤 문화냐에 따라 구성원의 행복 지수가 달라진다. 학교, 아이들, 동료와 정들어서 4년을 지내고도 떠나기 아쉬운 곳이 있는가 하면 1년이 언제 가나 손가락으로 날짜를 꼽게 만드는 학교도 있다. 그런 핍박 속에서 살아 내는 방법은 단순했다. 상식이 통하지 않는 사회를 거부하는 사람끼리 모여 스스로를 위로하는 것. 함께 분노하고 이야기 나누다 보면 크게 상심했던 그 일이 대수롭지 않은 일이 되곤 했다.

어떻게 그 시절을 살아 냈을까. 세상에 전부가 다 나쁜 일은 없다. 세 명이 일을 행하면 그중에 반드시 내 스승이 있다는 공자님의 말씀(공자왈 삼

인행 즉필유아사 孔子曰 三人行 則必有我師)을 굳이 들먹이지 않더라도 어려움 속에서도 얻는 교훈이 있었다. ㅈ 교감보다 1퍼센트라도 좋은 점이 많으면 좋은 사람으로 생각하는 거다. 기준을 대폭 낮춰서일까. 아님 액땜을 제대로 해서일까. 이후에는 인복이 많다는 걸 자랑할 정도로 좋은 사람을 많이 만났으니 교직 초년의 고생이 약이 되었다.

학교의 마이너리티였던 미운 오리는 지금도 두 달에 한 번씩 만난다. 결혼하고, 아이를 낳아 키우는 그 지난한 과정을 곁에서 지켜보았다. 부부 동반으로 세 번의 해외여행도 다녀왔다. 시간의 더께가 쌓인 만큼 꽤 끈끈하다. 출발점이 그러해선지 세상을 바라보는 시각도 많이 닮았다. 세상살이에 욕심내지 않고 적당히 손해 보며 사는 순둥이들이 많다. 나를 제외하고는 아무도 승진조차 안 했다. 맡은 아이와 주어진 업무에 최선을 다하면서도 마음 편하게 사는 것을 택한 자칭 '바보들의 집단'이기도 하다.

그 미운 오리에서 첫 혼사가 있었으니 앞으로 몇 년간은 줄줄이 이어질 것이다. 혼사의 첫 주인공은 큰딸 아이와도 동갑인 영길(가명)이다. 당시에는 교사들이 돌아가면서 일요일에 일직을 섰다. 남교사는 또 밤에 돌아가면서 숙직을 하던 시기였다. 두 명씩 한 조가 되어 당번을 서는데 그날은 동갑이던 영길이 엄마와 짝이 되었다. 둘 다 비슷한 나이의 아이를 키울 때라 아이를 데리고 왔었다.

숙직실에서 점심을 먹이는데 영길이에게 떠먹이는 밥숟가락이 웬만한 어른 것보다 컸다. 아이가 미처 먹지 못하고 줄줄이 흘린 것을 아래에서부터 훑어서 다시 아이 입속으로 넣어 주었다. 딸아이보다 다섯 배쯤 큰 밥숟가락의 크기도 그렇지만, 영길이가 옷 위로 떨어뜨린 밥알이 스웨터 사이에도 끼어 있는데 그걸 그대로 건어 먹이는 게 놀라웠다. 비위생적이지 않느냐는 내 지적에 친구가 했던 말이 어제 일인 듯 귀에 쟁쟁하다. "이렇게 안 하면 나는 아이 못 키워!"

친정은 대학 4학년 때 미국으로 이민 가 버리고 시댁은 근무지 반대편에 있다 보니 아이 키우는 데 주변의 도움을 전혀 받을 수가 없었다. 심지어는 남편 출장 간 날이면 아이 둘을 데리고 당시 아이를 돌봐 주던 도우미 아주머니 집 거실에 가서 잔다고 했다. 겁쟁이 친구의 큰아들로 순하고 듬직해서 엄마가 건어 먹이던 밥을 눈만 깜박이며 받아먹던 아들이 이제 결혼을 한 것이다. 150센티미터도 안 되는 작은 키로 180센티미터가 넘는 건강한 아들로 키워 냈고, 어여쁜 며느리까지 보았으니 살아 낸 이력을 잘 아는 친구로서 장하기 그지없다.

세월이 한순간 같다. 며느리 맞는 친구도 생기고, 작년에는 한 언니가 명예퇴직으로 30년 이상 이어 오던 교단을 떠났다. 모두 한곳에서 집 짓고 모여 살자는 말도 나오지만 아직은 이야기로만 그치고 있다. 또 30년쯤 후에는 어떤 모습이 되어 있을까. 부디 너무 추하지는 않기를, 지금껏 그래 왔던 것처럼 시간 앞에서 겸손하게 무엇보다 먹고 싶은 거 내 발로 걸어가서 사 올 수 있을 정도의 건강은 유지되기를, 어제가 오늘 같은 그 별일 없는 하루에 감사하며 살아가기를 소망해 본다.

풀매기는 힘들어!

더위도 개학했나. 방학이 끝나고 찾은 교실은 한증막 같다. 사람이나 교실이나 잠깐의 무관심은 처음의 제 모습을 잃어버린 양 흉물스럽다. 한 달이나 묵혀 둔 대가를 톡톡히 치르는 듯 숨막히다. 교실 밖도 예외는 아니다. 쉴 새 없이 아이들이 뛰었던 운동장 한가운데도 듬성듬성 잡초가 나 있다. 봄에 나팔꽃, 봉숭아 씨를 뿌렸던 화단은 풀이 점령한 지 이미 오래다.

더위를 핑계로 교실만 어찌어찌 치우고 밖은 짐짓 못 본 체했다. 그런데 오늘 오전에 소나기가 내렸다. 급히 아이들과 화단으로 나갔다. 작은 신우대가 무리 지어 있고, 돌 틈 사이 맥문동이 보라색 꽃을 올리고 있다. 누가 심었는지 모를 분꽃이 꽃밭의 4분의 1을 차지하고 있는 작은 동산이 우리 반이 해야 할 몫이다.

그동안의 경험으로 모둠별로 할 일을 나눈다. 학교가 가르치는 일만 하는 건 아니다. 풀 뽑기, 운동장의 돌이나 쓰레기 줍기, 교실과 화장실 청소 등 아이들이 할 일은 의외로 많다. 알아서 하기를 바라고 그냥 두면 하는 아이는 늘 열심히 하지만 그렇지 않은 아이는 딴청만 피우며 담임 선생님의 눈치를 보며 요령만 부린다. 그 모습이 보기 싫은 나는 해야 할 몫을 미리 정해 줘 버린다. 그래야 훨씬 빠르게 일을 처리할 수 있다는 걸 경험으로 알기 때문이다.

오늘도 여섯 명이 한 모둠이 되어 풀을 맨다. 한참이 지나서 다 되었다는 곳에 가 보니, 웬걸 줄기만 쥐어뜯어 놓았다. 뿌리까지 뽑지 않으면 금방 자란다고 일러 준다. 한 바퀴를 돌고 다시 와 보니 이번에는 20센티미터 깊이의 구덩이를 파 놓은 채 네 명의 아이가 땀을 흘리고 있다. 질긴 풀뿌리 하나가 돌 밑까지 파고들어서 그 돌을 들어내려고 하는 중이란다. 옆 모둠은 보랏빛 꽃을 피운 맥문동을 뿌리까지 뽑은 채 이게 풀이 맞느냐고 묻는다.

그래. 풀과 꽃조차 구별하지 못하는 초등학교 2학년 아이들에게 시킨 내가 잘못이다. '앓느니 죽는다'는 말이 왜 나왔으랴. 차라리 내가 하련다. 줄기만 뽑아서 뿌리는 그대로 남아 있는 풀부터 뽑기 시작했다. 금방 땀이 흐른다. 오랜만에 느껴 보는 풀 냄새가 싱그럽다. 묵은 기억이 따라온다.

여고 다닐 때였다. 학교는 개교한 지 6년이나 되었지만 별도의 건물도 없이 중학교 건물 한쪽에서 셋방살이하는 신세였다가 내가 입학하던 해 처음으로 새 건물로 분가하게 되었다. 교실은 깨끗했고, 새로 맞춰 입은 초록색 플레어스커트가 이뻤으나 달랑 본관 건물만 있었다. 마땅히 운동장이 있어야 할 자리엔 푸른 보리밭이 펼쳐져 있었다. 3월 어느 날, 보리밭은 적당히 밟아 줘야 좋다며 그 사이에서 사진을 찍었다. 푸른 보리밭 물결과 웃음보 터진 여고생의 웃음은 사진 밖으로 뛰쳐나올 만큼 싱그러웠다.

2학년이 되어서야 비로소 우리만의 운동장을 가지게 되었다. 벼 밑동 자리가 선명하더니 어느샌가 폭신폭신한 흙더미가 논바닥 전체를 덮었다. 그러나 운동 기구도 없었고, 바닥도 고르지 못했기에 우리는 여전히 체육 시간이면 중학교 운동장으로 달려갔다. 그곳은 비가 오면 금방 물이 빠지고, 봄이면 화사한 개나리 울타리가 이뻐서 멀리서 보면 한 폭의 정원 같았다. 아름드리 벚꽃이 바람에 날리던 그늘 아래에서 체육 시간 끝 무렵이면 짧은 오락 시간을 가졌다. 대나무 숲에서 부는 바람 소리도 일품이었다.

그에 반해 여고 운동장은 바람이 조금이라도 불면 흙먼지에 파묻혔다. 체육 시간엔 여전히 중학교 운동장에서 눈칫밥을 먹었다. 위안이라면 그래도 우리만의 운동장이 있다는 정도였다. 제 역할을 못하는 운동장인데 할 일은 많았다. 주워도 주워도 끝없이 나오는 돌과 영양제를 먹었는지 자꾸만 솟아나는 풀과 전쟁을 치러야 했다.

문제는 여름 방학이었다. 태양은 수직으로 내려꽂혔다. 가만히 서 있기만 해도 땀이 흘렀다. 기온은 이미 30도를 넘었다. 호미 하나씩을 들고 전교생이 모였다. 개학하려면 아직 멀었는데도 단지 운동장 풀을 정리하려는 게 목적이었다. 눈으로 땀이 들어가서 시렸다. 누가 바늘로 머리 한가운데를 콕콕 찌르는 듯할 때까지 풀을 매야 했다. 그토록 오래 우리를 내버려 둔 선생님을 향한 원망이 도를 넘어설 때까지 풀매기는 열흘에 한 번꼴로 계속되었다.

장맛비라도 한번 오고 나면 우리 키보다 더 큰 잡초도 만날 수 있었다. 그 끈질긴 생명력이라니. 적당히 꾀부리며 하는 척하는 건 비위에 안 맞아 손끝에 푸른 물이 시퍼렇게 들어 여러 날 가시지 않을 정도로 열심히 했다. 오랜 역사에 끌어 주는 선배가 많고, 명망 있는 지역사회 학교도 아니어서 자부심과 긍지를 지닌 사람은 적었다. 역사란 지금 현재의 내가 가꾸어 가는 것, 풀을 뽑는 이 작은 행동도 그 대열에 동참하는 방법이라고 생각하던 시기였다. 졸업할 때까지도 우리가 풀을 뽑고 돌을 고르던 그 운동장은 정비가 덜 되었다. 열 명 가까운 친구들과 운동장 가의 돌무더기 위에 올라서서 폼 잡고 찍은 앨범 사진을 보면 웃음이 절로 난다.

요즘 아이들이 풀과 꽃을 구별하지 못하는 건 어쩌면 당연한 일이다. 학교 수업이 끝나기가 무섭게 2~3개의 학원을 순례해야 하는 아이들이 언제 흙과 더불어 살 여유가 있겠는가. 집에 가 봐야 기다려 주는 이 없고, 돈이 들더라도 자녀를 안심하고 맡길 수 있는 부모의 요구가 맞물려 아이들은 더 이상 놀이터나 운동장에서 흙과 더불어 놀 여유가 없다. '일요일의 짧은 바깥 놀이나 놀이동산에서의 하루로 부모 노릇을 다 했다고 착각하고 살아가는 건 아닐까?' 나날이 흉포해지고 다양해져 가는 청소년 범죄에서 누구도 자유로울 수 없는 요즘, 길가에서 흔하게 만나는 들꽃에게 눈 돌릴 줄 알고, 건강한 땀의 의미를 되새기는 일에 기회를 줘야 할 때가 아닌가 싶다.

갈색과 풀빛으로 물든 손을 몇 번이고 비누로 씻으며 교실로 향하는 내 마음이 새로 단장한 동산처럼 환하다.

(1997)

상엿소리

상엿소리를 들었다. "어~어어 어어 어야디 어 어어, 어~어." 상여꾼들이 부르는 가락이 구슬프다. 처음에는 잘못 들었으려니 했다. 아파트 뒤가 산이긴 해도 이곳에 산 지 3년이 넘었지만 한 번도 들어 본 적 없는 소리였다.

마침 볼일이 있어 밖으로 나왔더니 그 소리는 보다 선명해진다. 노제를 지내려나 아파트 정문 길가에서 상여는 쉬고 있었다. '누가 돌아가시면서까지 저런 호사를 누리나!' 스치듯 그런 생각이 든다. 바빠서, 편하고 깨끗하다는 이유로 우리는 죽음도 인스턴트 식으로 해결하고 있다. 상여 대신 장의차로, 집 마당에서 장례식장으로 말이다. 둘러싼 조화만이 상중이라는 걸 알게 해 준다. 몇 년 새 상여를 구경하기도 상두꾼의 요령 소리를 듣는 일도 참으로 힘들어졌다. 이제 아홉 살이 되는 딸도 신기한지 한참을 쳐다본다. 그도 그럴 것이 상여를 본 적도 상엿소리를 들은 일도 처음일 것이다.

꽃상여였다. 곱고 고운 진달래색과 깨끗한 하얀색으로 장식하고, 사방 모서리엔 길다란 종이꽃이 화사하다. 외로운 저승길에 새색시 시집가듯이 설렘으로 치장하는 걸까. 그동안 통 못 보아선지 죽음의 상징처럼 여겨져서 은근히 꺼려지던 상여가 정겹게 다가온다. 상여는 옛 모습 그대로였으나 주변 풍경은 아니었다. 구성지게 구절구절 잘도 넘기며 저승길을 밝혀주던 상두꾼도, 딸랑거리는 요령도 없었다. 노란 삼베옷을 걸치고 나무 지팡이를 짚으며 뒤를 따르던 상주도 보이지 않는다. 상두꾼의 사설에 눈시울 붉히며 간간이 손수건으로 눈두덩이를 찍어 누르던 동네 사람의 모습도 보이지 않는다. 여남은 명의 상여꾼이 앉아서 쉬는 게 전부였다. 기억 속의 모습과는 많이 달라서 그게 또 쓸쓸해 보였다.

상여 나가는 날의 기억에는 늘 할머니가 있다. 아버지는 작은 아들이었지만 할머니, 할아버지와 함께 살았다. 그랬기에 첫 손녀인 나를 무던히도 이뻐했다. 나를 낳고 서른의 늦은 나이에 군대에 간 아버지 빈자리를 채워주시려는지 아낌없는 사랑을 주셨다. 나무하러 가거나, 밭에 갈 때는 물론이고 정초에 농악 놀이 구경 갈 때도 할머니 옆에는 어김없이 내가 있었다. 할머니는 주변의 친구들에게 당신의 큰손녀가 얼마나 영악한지 자랑했다. "느그 엄마 밥 얼마나 먹냐?"라고 친구들이 물었다. "양판(양푼)으로 한~나(한가득) 묵어요." 뚱뚱한 당신의 며느리를 흉보려 하신 건지 만날 때마다 같은 질문을 하셨다. 그때마다 모범답을 내놓곤 했다. 대답 끝에 터지는 친구들의 배꼽 잡는 웃음소리도 언제나 변함없었다.

주머니 속의 땅콩처럼 손녀를 애지중지 달고 다니시던 할머니가 집 가까운 곳에서 열리는 노제에 나를 빼놓을 리 없었다. 그곳은 어린 내 기분에도 누군가가 영원히 보지 못할 곳으로 가는, 마지막 인사를 건네는 곳이기에 슬퍼해야 할 것 같은데 흡사 잔칫집처럼 시끌벅적했다. 음식을 나눠 먹고 막걸리 잔을 돌리며 웃음과 분주함이 함께하던 곳이었다. '상두 술로 벗 사귄다.', '상두 술로 낯내기.'라는 속담이 있는 것도 다 남의 것으로 생색내던 그때의 바쁜 상황에서 나온 말일 것이다.

슬픈 기억도 있다. 초등학교 1학년 때쯤으로 기억한다. 중학생으로 보이는 딸이 엄마의 상여 모서리를 붙들고 슬프게 울었다. 방금까지 화투를 치며 시끄럽던 어른들이 시간이 되면 언제 그랬냐는 듯 슬픈 척 다른 사람들으라는 듯 "뭣이 그리 급해서 먼저 갔소?", "여길랑 잊고 부디 존디 가시오."라는 사설을 늘여 놓으며 눈물 한 방울 흘리지 않던 울음과는 달랐다. 슬퍼도 남들이 울고 있는 나를 보면 어찌 생각할까 싶어서 소리 죽여 눈물만 줄줄 흘려 대던 그 또래의 아이들과도 달랐다.

생전에 엄마에게 못다 한 효를 구절구절 어찌나 슬프게 내쏟는지 구경꾼 대부분이 울었다. 글 쓰는 지금도 내용은 없지만 그 절절한 가락만은 귀에 울리는 듯하다. 노제에는 으레 잔칫날에나 쓸 법한 커다란 교자상에 음식이 가득했다. 제를 지내고 나면 전과 고기는 주변에서 눈물과 한숨을 지으며 망자를 함께 위로하던 사람들이 고루 나눠 먹었다.

상여는 다시 출발했다. 딸이나 며느리는 갈 수 없다고 했다. 몸부림치며 우는 딸을 억지로 떼어 놓았다. 북망산 가는 길에 떨어지지 않는 발길을 돌리려면 저승 노잣돈이 두둑해야 한다는 상두꾼의 소리에 천 원 지폐 두 장이나 세 장을 들고 아들이나 사위가 꽃상여에 차례로 올랐다. 그럴 때면 상여꾼의 수건 두른 어깨에는 단단하게 힘이 들어가고, 내지르는 후렴구는 고함 소리처럼 커진다.

얼마 전 텔레비전에서 인도 사람의 생활 모습을 보았다. 누렇다 못해 흙탕물에 가까운 갠지스 강가에서 많은 사람이 힌두교 의식을 치렀다. 사람이 죽으면 화장이나 토장을 하지 않고 나무 위나 벌판에 아무 데나 둔다. 홍수가 나면 시체가 물 위로 둥둥 떠다니기도 한다. 그런데도 바로 옆에서 힌두제를 지내기도 하고, 목마르면 그 물을 떠서 마시기도 한다. 삶과 죽음을 따로 떼어 생각하지 않고 함께라고 생각하기에 가능한 일이란다. 이번 여름 수해로 많은 묘지가 유실되었다. 조상에게 불효막심이라며 상심하는 사람들을 보며 인도인을 떠올린다. 삶 만큼 죽음의 방식도 이토록 다르다는 걸 실감한다.

상여를 처음 보는 딸아이와 구경하는 사이 상여는 산비탈을 힘겹게 오른다. 검은 양복에 삼베 두건을 쓴 몇 사람이 행렬의 전부여서 좀 쓸쓸하다. 그러나 죽은 이의 편안한 안식을 비는 마음은 예나 지금이나 같을 것이다. 그의 삶의 순간순간이 한없는 긴장으로 얼룩진 치열한 가시밭길이었다면 내세의 삶은 부디 평화롭기를, 큰바람 없는 순조로운 항해였더라면 또 다른 세계에서도 그리하기를 빌어 본다.

죽음 앞에서는 모든 게 겸허해진다. 그저 한순간 짧은 생을 잠시 머물다 간다. 세상에 나올 때의 맨몸 대신 한 벌의 수의가 그가 살아온 세월의 흔적일까. 보람일까.

상두꾼의 상엿소리가 아스라이 멀어져 간다. 끊어질 듯 이어지고, 낮아졌다 높아지는 그 소리만이 흐린 하늘을 휘돌고 있다.

(1998)

내가 좋아하는 우리 은정이

"선생님, 안녕하세요?"

오늘도 어김없이 교실문이 열린다. 뚜벅거리는 발소리를 내며 교탁 앞에 와서 내게 인사한다. 아침 자습을 하던 우리 반 아이들의 눈길은 온 교실을 쩌렁쩌렁 우렁차게 울리고 남을 목소리의 주인공에게로 향한다.

"응, 우리 은정이 왔구나."

5학년 2반과의 하루는 이렇게 시작된다. 간혹 받는 목소리가 작거나 대답이 늦기라고 하는 날엔 두 번, 세 번 인사를 해 대는 통에 내 대답은 은정이의 그것처럼 크고 씩씩해진 지 오래이다.

그러고 보니 은정이와의 만남도 어느새 열 달이 되어간다. 1월 1일이 새

해 첫날에 이루고자 하는 새해 소망을 다짐하는 게 일반적이나 학교는 그렇지 않다. 학기를 시작하는 3월 1일이 한 해의 계획을 세우는 첫날이다. 겨울 방학이 끝나고 설이 지나고 졸업식과 종업식까지 마치고 나면 비로소 1년 농사가 다 끝났다는 안도감이 들면서 보람도 느낀다. 봄 방학은 더 멀리 뛰고자 하는 개구리의 동면의 시기라고나 할까.

그런 점에서 삼일절을 지내고 맞이하는 개학일은 새 각오로 씨뿌리기를 준비하는 농부의 마음이 된다. 아이들은 학년이 바뀌어 새 친구, 새 선생님과의 만남에 설레고, 교사 역시 20평의 한정된 공간에서 1년을 부대끼며 살아야 할 아이들과의 만남을 기대한다. 야무진 똑순이들이 많기보다는 평범한 보통의 아이들이 적당한 수준을 유지하기를 바라는 게 일반적이다.

올해는 그런 내 희망과는 상관없이 손꼽히는 괴짜들이 제법 많다. 은정이도 그중 한 명이다. 지금까지의 경험으로 알던 아이들과는 다르다. 만나 본 적도 없다. 뭐라고 한 마디로 종잡을 수 없는 아이이다. 읽기 쓰기도 가능하고 덧셈과 뺄셈도 곧잘 한다. 마음이 내킬 때의 일이기는 하지만 일기도 종종 쓴다. 구슬리고 야단쳐도 거의 써 오지 않는 개구쟁이 몇에 비하면 은정이는 양반이다. 두 문장이나 세 문장이 고작이나 '꽃을 꽂았다.', '멸치를 볶아 먹었다.' 등의 겹받침도 정확하게 구분한다. 생각과 느낌도 한 줄씩 곁들여 있는 정돈된 일기를 쓴다.

은정이는 비 오는 날 이상해진다. 굵은 목청으로 비명을 지른다. 공포 영화의 한 장면처럼 예고가 없다. 수업하던 나와 아이들 모두 뒤로 넘어갈

만큼 놀란다. 가만히 공부하던 제 앞에 앉은 남학생을 사정없이 두들겨 패기도 하고 갑자기 일어서서 괴성을 지르고 실로폰 채로 교실 뒷면에 붙은 액자를 두드려 깬다. 은정이가 앉은 바로 옆, 교실 바닥에서 공기놀이를 하면 또 비명을 질러 댄다. 하필 은정이 뒤에는 거울이 달려 있는데 아이들이 그 거울을 보기 두려워할 정도이다.

수업 시간이면 늘 웃고 있다. 무언가를 쉴 새 없이 중얼거린다. 천장을 보다가, 책을 들어 입을 가리며 그 큰 입을 벌려 웃는다. 처음에는 교탁 앞에 선 내 눈에 정면으로 보이는 게 그 모습이라 두렵기도 했다. 반에서 키가 가장 크고 몸무게도 많이 나가서 이미 내 몸무게를 초과한 지 오래인 아이가 쉬지 않고 히죽거리는 걸 보면 누구라도 그런 생각이 들 것이다.

그러나 무서운 공포 영화도 두 번 보면 그 도가 엷어지듯이 처음의 두려움 대신 측은한 생각이 더 많이 들었다. 겉으로 보기에는 너무나 멀쩡한 아이가 왜 이런 병에 걸린 것일까. 원인이라도 알고자 집으로 여러 번 통화를 시도했으나 한 번도 성공하지 못했다. 운동회에 오셨다는 은정이 말을 듣고 운동장을 세 번 돌았으나 분명히 저기 엄마가 있다는 말과 달리 아이의 엄마는 찾을 수가 없었다.

더 이상 엄마 만나기는 포기했다. 담임 만나기를 두려워하는 엄마의 처지도 헤아려졌다. 특수교육에는 문외한이라 어떤 교육이 아이에게 딱 맞는지도 모르지만 사랑 많이 주며 학교 잘 다니도록 배려했다. 자폐 증상이 보이기에 맨 뒤에 혼자 앉히고 관심과 사랑으로 보살폈다. 무엇이든 그 아이 위주로 생각했다.

우리 반 모두가 긴급 소식통이 되어 저학년 중에서 때리거나 놀리는 아이가 있으면 타이르기도, 불러서 혼내 주기도 했다. 혹여 먹을 것이 생기면 나눠 먹었다. 머리라도 쓰다듬을라치면 악을 쓰는 아이에게 더 자주 머리를 쓰다듬고 어깨에 손을 올리며 접촉을 시도했다. 처음에는 완강히 거부하던 아이가 이제는 먹을 것도 곧장 먹고, 손길에도 익숙해졌다. 점심 먹으러 교실을 나서면 어느새 다가와 "어디 가?" 존댓말이라고는 모르는 아이가 묻는다. "빨리 와." 한다. 체육 시간에도, 아침 조회 시간에도 아이들은 운동장으로 다 나갔건만 교실 문밖에서 기다렸다가 나와 함께 나간다. 어느새 아이에게 별명이 생겼다. 보디가드가 그것이다. 덩치도 나보다 훨씬 커서 그 별명은 제법 어울린다.

긴 교직 생활을 하는 동안 은정이 같은 특수아를 몇 명이나 만나게 될까. 제각기 다른 특성이 있는지라 어떤 식의 교육이 필요하고, 적절한지 알지 못한다. 그러나 분명한 건 그들 역시 아름다운 한 인격체로 뿌린 대로 거둔다는 평범한 진리를 실천하면 되는 거다. 은정이도 이제는 기꺼이 나를 따르고, 나 역시 그 아이의 이유 없이 악쓰는 것까지 이해하게 된 요즘에도 '내가 행하는 이런 무관심과 다른 아이와 구별되는 한없는 자유가 과연 올바른 것인가?' 자문하게 된다. 아이의 행동을 뚝 잘라 뭐라고 단정지을 수 없는 것처럼 내가 행하는 교육의 방향에 확신은 없다. 분명한 건 그가 나를 믿고 따르며 내 보디가드가 되어 주었듯이 나 역시 그 아이의 든

든한 방패막이가 되어야 한다는 거다.

은정이가 교실 문을 열고 들어선다. 발에 맞지 않아 이미 작아져 버린 실내화를 끌면서 아이는 다시 책상 앞에 선다. 내가 먼저 인사하기 전에는 스스로 인사할 줄 모르는 우리 반 아이들에게 본때라도 보여주듯이, '인사란 이렇게 하는 거야.' 시위라도 하듯이 내 책상 바로 앞에 서서 그 큰 목소리로 이렇게 인사할 것이다.

"선생님, 안녕하세요?"

(1993)

살구야, 잘 가!

막내가 고등학생이 되면서 기숙사로, 작은딸이 대학생이 되어 집을 떠났다. 졸지에 나와 남편만 남았다. 남들보다 아이가 한 명 더 있고, 뒤늦게 합류한 시어머니까지 한때는 여섯이나 되는 대가족이었다. 국 냄비는 웬만한 찜통 크기였고, 20인분 압력솥에 밥을 했다. 20kg 쌀 한 가마를 들이면 한 달이 못 가서 동이 났다.

처음에는 큰딸이 떠났다. 원하던 서울로 대학을 갔으니 좋은 일이었다. 두 번째는 시어머니다. 혼자 살던 시어머니는 더 이상 혼자서 밥을 해 드실 수 없게 되자, 우리 집으로 와서 살림을 합쳤다. 방 세 칸까지 우리 집에는 여든여섯의 시어머니가 살 방이 없었다. 부부, 딸 둘, 그리고 아들이 방 한

칸씩을 차지하고 있었다. 어머니는 어쩔 수 없이 초등학교 저학년이던 아들과 같은 방을 쓰게 되었다. 다리가 불편한 어머니는 아들의 침대 옆 바닥을 당신의 자리로 정했다.

졸지에 코를 고는 할머니와 한방을 쓰게 된 아들은 별 핑계를 다 대면서 자신의 방이 아닌 다른 곳에서 잠이 들곤 했다. 어려서부터 같이 정붙이고 산 것도 아니기에 아들의 그런 투정을 마냥 야단칠 수도 없었다. 아들은 누나 방에서 수다를 떨다가 잠든 척했다. 우리 부부가 있는 안방에서 함께 잔다고도 했다. "너에게 엄마가 소중한 것처럼 아빠에게도 엄마는 소중해. 할머니는 아빠의 엄마야. 그러니 너도 귀하게 할머니를 모셔야 해." 타이르면 알아듣는 듯했으나 막상 잠잘 시간이 되면 딴청부리기 일쑤였다. 아들은 안정되지 못하고 잠자는 시간이 되면 이리저리 떠돌며 눈치를 봤다. 결국 어머니가 집에 오신 지 6개월 만에 우리는 방이 하나 더 있는 아파트로 이사했고, 그곳에서 함께 살다가 심각해진 치매로 요양원으로 떠났다.

그리고 다시 1년. 작은딸은 대학으로, 아들은 기숙사가 있는 고등학교로 떠났다. 벌써 내 나이가 이렇게 되었나. 허전하여 이 방 저 방에 드나들면서 아이들의 흔적을 찾았다. 그들이 떠난 자리에는 딸이 키우던 열대어 두 마리와 아들이 공들여 기르던 고슴도치 '살구'와 '딩고'만 남았다. 주인 잃은 열대어는 수명을 다했는지 얼마가 지나자 죽었다. 그런데 오늘 살구가 죽었다.

고슴도치는 까다로운 동물이다. 예민해 주변에 사람이 오면 가시를 사정

없이 세운다. 억지로 만졌다가는 그 가시에 찔려 피를 보기도 한다. "쉬쉬" 소리를 내며 경계한다. 간혹 별생각 없이 그 녀석이 있는 통 곁을 지나다가 그 소리에 나도 모르게 깜짝 놀란다. 어두운 걸 좋아하며 낮에는 집 안에 숨어 있어 통 볼 수가 없다. 한밤중에 슬쩍 가 보면 다람쥐처럼 쳇바퀴를 쉴 새 없이 돌린다. 냄새도 적고, 크게 손이 많이 가는 것도 아니라서 아침 저녁으로 물과 먹이를 주며 돌봐 준 지 이제 두 달 남짓이다.

그런데 요 녀석 보름 전부터 심하게 아팠나 보다. 겨우 밥 주는 것을 고슴도치 키우는 것의 전부로 알고 있던 나는 구내염이 너무 심해져서 이빨이 다 빠질 때까지도 몰랐다. 지난 주말에 집에 온 아들과 동물병원에 갔을 때는 입 안의 염증이 너무 심해져서 약으로는 치료가 안 될 정도의 상태였다. 개나 고양이는 마취하고 수술할 수도 있으나, 고슴도치나 토끼는 아직은 그럴 수 있는 수준이 아니라고 했다.

말 못하는 짐승이 눈만 깜박거렸다. 힘이 다 빠졌는지 주사기에 물을 담아 먹이는데도 넘기지를 못했다. 조금 더 신경 썼더라면 '호미로도 충분히 막을 수 있던 것을 가래로도 못 막은 것'이다. 이후에도 병원을 두 번 더 갔으나 차도는 없었고, 결국 오늘 죽었다. 너무 미안해서 차마 눈을 쳐다보지 못했다. 주말이라 집에 온 아들은 그런 살구를 보고는 눈물만 줄줄 흘렸다. 원망의 말은 없었지만 아들에게 말할 수 없이 미안했다. 나를 믿고 맡겼는데 이 지경이 되도록 몰랐다니. 살구는 그렇게 우리와 이별했다.

나는 동물을 좋아하지 않는다. 잘 키우지도 못한다. 때맞춰 먹이 주고,

배설물을 치우는 일에 자신이 없어서 시도조차 해 본 적이 없다. 그런데도 애완견처럼 반기거나 웃거나 놀아 주지도 못하는 고슴도치에게도 정이 든 모양이다. 아파트 화단에 살구를 묻고 온 아들의 얼굴을 쳐다볼 수 없었다.

앞으로 나는 더 많은 이별을 하게 될 것이다. 동물과의 이별도 이런데 하물며 사람과, 더구나 내가 사랑한 사람들과의 이별은 더 많이 힘들고 아플 것이다. 이미 나는 많은 사람과 이별했다. 한없는 사랑으로 나를 사랑해 주시던 할아버지와 할머니와도, 막내며느리라고 아껴 주던 시아버지와도, 우리 집 막내를 당신 자식만큼이라 이뻐하시던 시숙님과도, 애증이 교차하는 큰아버지와도. 시리던 아픔도 시간이 지나면 서서히 엷어질 것이다. 나이가 들어갈수록 그 순간은 더 잦아질 텐데 나는 이별에 어떻게 대처해야 할까. 벌써부터 두렵다.

사랑할 수 있을 때 더 많이 사랑하리라. 작은 풀꽃에게도, 살랑거리는 바람에도, 푸른 하늘에게도, 환하게 웃어주는 동료와 친구에게도, 오늘의 나를 있게 해 준 가족, 형제, 우리 엄마와도. 지금 이 순간에 감사하며 사랑하리라. 미안하다, 도치야! 부디 좋은 곳으로 가거라. 살구야, 잘가!

(2013)

양선례 수필집

어느 구름에 비 들었을까

인쇄 2022년 11월 07일
발행 2022년 11월 11일

지은이 양선례
발행인 서정환
펴낸곳 수필과비평사
주소 서울시 종로구 삼일대로 32길 36(익선동 30-6 운현신화타워) 305호
전화 (02) 3675-3885 (063) 275-4000 · 0484
팩스 (063) 274-3131
이메일 essay321@hanmail.net
출판등록 제300-2013-133호
인쇄·제본 신아출판사

저작권자 ⓒ 2022, 양선례
이 책의 저작권은 저자에게 있습니다. 서면에 의한 저자의 허락없이 내용의 일부를 인용하거나 발췌하는 것을 금합니다.
COPYRIGHT ⓒ 2022, by Yang Seonrye
All right reserved including the rights of reproduction in whole or in part in any form.
저자와 협의, 인지는 생략합니다.
잘못된 책은 바꿔 드립니다.

ISBN 979-11-5933-437-5 (03810)
값 13,000 원

Printed in KOREA